癮的真相

癮問題及邁向康復之路

著

獻給
在暗夜中哭泣的父母

身為父母，
最難放下的，就是自己的孩子。
當孩子用毒品、酗酒傷害自己的身體，
就好像拿著尖銳的利刃，
在父母及家人的心頭
劃下一道道的傷痕。
這本書的誕生
就是為了在 **黑夜中哭泣的父母**。
要讓你們知道，
即使在看不到曙光的黑夜，
還是有人陪伴，
並且提供正確的方法，
幫助你們渡過
人生最黑暗的時刻。

特別感謝
我的兒子
以及許多上癮者家屬，
讓我上了人生中最寶貴的一課。

目錄

第六章 與上癮者溝通及輔導技巧 157

專文推薦

為孩子找好土，遠離毒品

王建煊

民國七十幾年，我在擔任經濟部次長時，有次赴美開會，與美國財經官員聊天，我問他們，美國當前最重要的問題是什麼？我以為他們會說是貿易赤字或預算赤字，因為這是當時美國政府討論最多的双赤問題，但出乎意料的是，他們回答我，美國最嚴重的問題是「吸毒」。當時台灣吸毒的人不多，所以我不太能體會為甚麼「吸毒」會是最大問題。

後來吸毒在台灣慢慢增多，變成難以克服，甚或根本無法解決的社會問題，家有一人吸毒，那個人就容易成為廢物，全家也都雞犬不寧。現在台灣吸毒問題之嚴重，已達不敢想的程度，因為想了會不知所措，進而憂心如焚。

現在最令人憂心的是毒品已逐漸侵入校園，青少年不知不覺染上毒癮，終至不能自拔，要怎麼辦呢？

毒品問題的解決，要注意的層面很多，但是對青少年來說，最重要的是同學之間的相互傳播，由好奇到嘗試，終至難以自拔。學校對於防止毒品在學生間傳染蔓延，要盡一切方法加以防杜。

我認為許多孩子吸毒或行為變壞，主要是因為交友不慎使然，聖經上耶穌有個比喻說，種子撒在路邊，被飛鳥吃了；撒在淺土裡，雖發芽但被太陽一曬就枯死；灑在荊棘裡，則被雜草擠死；只有灑在好土裡的種子，才能結實百倍、六十倍或三十倍。

為孩子選擇學校，一定要先查看這所學校的校風及品德教育是否優良，否則等於將孩子送入虎口。有位朋友告訴我，他有兩個女兒都很傑出，最使他安慰的是兩個孩子品行端莊、有禮貌、有愛心，獲許多人稱讚，看到現在許多人教育孩子痛苦不堪，他經常自我慶幸。他說他的運氣很好，兩個女兒初中讀的都是台北的衛理女中。衛理女中是基督教衛理公會辦的，學生都住宿，管理嚴格且有方，我曾多次去該校演講，有些瞭解。孩子在這樣的學校讀書，就是耶穌比喻中的將孩子這粒種子，撒在好土裡，可以結實百倍。

其次，儘量讓孩子參加教會活動，教會不是只有讀聖經做禮拜。許多教會都有不同程度的主日學課程，及各式各樣能吸引孩子的活動，大學生帶高、初中生，高中生帶小學生，他們在一起玩得不亦樂乎。在教會裡絕對不會有機會接觸安非他命或其他毒品的，家長可以放心。

平時在家裡，要多一點靈修活動，例如講聖經故事、看聖經故事的DVD、聽詩歌、用餐時要有謝飯禱告，這些只要行之自然，都不會佔太多時間，不必擔心。當孩子的心靈與上帝聯結時，天使就會不斷地在孩子身邊，守護著他們。

本書作者是一位因孩子吸毒而深受痛苦的母親，她將自己面對苦難、解決痛苦的經驗，勉勵大家，若「不幸」遇有這種「不幸」時，可以從她的經驗裡得到智慧與幫助。

二〇一二年六月十二日序於士林外雙溪

（本文作者為監察院院長）

專文推薦

黑暗中的明燈：上癮與戒癮者邁向健康的重要指南

吳財順

許多研究顯示，青少年遇到問題或困難時，第一個詢問的對象多不是父母，而是同儕，或者網路的朋友。同儕的影響遠大於父母，父母無法瞭解孩子，家長的人生經驗與智慧，因而無法適時引領迷失中的孩子。如此一來，涉世未深且身心未臻成熟的青少年，所能提供解決問題的方法，恐多偏頗與片面，讓問題更加惡化。此外，在華人社會中，特別是擁有高社經背景的父母，也常礙於「面子」問題，無法積極且正向地面對孩子吸毒、網路成癮等嚴重之偏差行為，因而失去在第一時間尋求協助與提供協助的契機，造成難以彌補的憾事。

就一般常理而言，生病時，我們會趕緊找醫生，希望藉由專業，得到更好的治療；當我們知道親友生病時，會急切地想去慰問、關懷，希望能給予精神上的鼓舞與支持。但當家人或周遭親友吸毒、網路成癮時，我們卻常不知所措，無法如同生病的情景，積極尋求專業的協助，甚而眼睜睜地看著這些迷惘的生命逐漸消失在黑暗中。這是當前父母面對青少年問題時，最大的無知、無奈、苦痛、迷失與瓶頸。

我個人從事教育工作已有三十餘年，綜合實務工作及學理探討的體會，我深信所有的孩子都是良善且可教導的，所有孩子的問題，如能透過專業的處遇，也一定可以找到解決的方法。同樣的，造成父母傷痛的青少年毒癮等問題，又何嘗不是如此！

當前，學者專家對青少年上癮與戒癮之問題，多有探討與研究。但王倩倩女士之大作《上癮的真相》一書，係作者親身經歷其兒子染上毒癮，在無奈、徬徨、懊惱等交錯糾結情境之際，秉諸為人父母之至愛與情操，不忍每年有不計其數的青少年因毒品、酗酒而失去寶貴的生命，決心陪同孩子積極與毒品抗戰，進而開啟對上癮問題的深入研究。

本書內容包含青少年上癮的可能原因、什麼是上癮、毒品認識及防範措施、如何與上癮者溝通與輔導的技巧、如何戒癮、哪裡戒癮及戒癮後的關懷與照顧等。更細而言之，作者提醒我們，父母是給予孩子正面能量的最佳守護天使，面對孩子吸毒等偏差行為時，必須有清楚、正確的認知與堅定、勇敢的態度，接受孩子暫時的迷失，積極陪伴並尋求專業的支持，讓這人生成長的「插曲」，得到更多的關懷與調整。此外，針對「父母與上癮孩子的對話技巧」、「確認孩子吸毒時，該怎麼辦？」及「有效引導戒癮的技巧與實務」等內涵，書中也有原則性及實務性的分析與說明，可供父母參考與練習。

本書作者擁有深厚的社會學理論基礎，亦有二十多年撰寫廣告企畫文案精鍊能力，在參考歐美相關戒癮資料及輔導兒子與相關家庭的實務經驗中，用華文完成此書。書中文字平實感性，用語貼切兼顧同理心，案例多元亦能印證，敘述清晰更具感染力，值得再三閱讀與咀嚼。我深刻體會到作者對孩子的至愛，也感受到作者關懷青少年的情操，更體會到作者結合學理與實務的專業表現，在在都顯示本書對當前上癮與戒癮者邁向健康的重要意義與價值。

尤其，作者從許多個案訪視與輔導中發現，許多戒癮成功的孩子，由於走過人生的低潮與陰暗，反而能成為別人的祝福，藉此幫助別人；而真正戒毒成功的孩子，還有一項特色就是「比較孝順」，比較會感恩、懂得珍惜，並且樂於幫助人。當閱讀至此，我不禁深切地為之感動，「浪子回頭」也會有璀璨的人生，就像一枝壓傷的蘆葦，綻放傲人的生命力。

總之，面對「毒品」，「戒」就對了；面對本書，「讀」就是了。深信，只要讀者細細品味，深切同理，用心領會，一定可以成為協助青少年走出人生低潮的關鍵人物。

（本文作者為前教育部次長）

專文推薦

一本對抗屬世錯誤價值的教戰守則

李晶玉

這是一個充滿誘惑的世界，我們的孩子隨時曝露在電視的癮、線上遊戲與手機遊戲的癮、美麗糖果的癮、垃圾食物的癮，甚至在長成青少年之後，還要面對菸癮、酒癮、毒癮的引誘。

我的兩個孩子有時也會陷入卡通節目的迷惑中，或是玩手機遊戲玩到不可自拔。一旦發現這個情況，我和我先生就會想辦法吸引孩子們陪我們去做一些有趣的事情，一起畫畫，或是一起玩益智的小遊戲，不讓孩子們繼續淪陷在這些誘惑之中，成為一種癮頭。

所以，「管教」是非常需要的，父母必須擔起這個權柄，聖經上也說：「管教你的兒子，他就使你得安息，也必使你心裡喜樂。」、「愚蒙迷住孩子的心，用管教的杖可以遠遠趕除。」我們不選擇打罵，但是我們會告訴孩子，什麼當做、什麼不當做，並且分析各種利害關係。如果孩子們依舊選擇繼續看電視、玩手機遊戲，那麼他們就得承擔未來可能近視、戴眼鏡的風險；當孩子們吵著吃垃圾食物時，我們就會開始分析這些食物可能會引發的疾病，會加速他們生命的耗損，甚至未來還得躺在病床上接受治療，哪裡也不能去。

慶幸的是，帶領他們禱告，讓他們知道我們都在錯誤中改過，使我的孩子們有足夠的安全感，了解管教不是為他們貼標籤。在他們了解我的想法、我的理由之後，即使犯了錯被糾正，孩子們依舊能憑藉著這股安全感，不至於產生羞愧或懼怕，保持親子溝通管道的暢通，引導他們走在正確的道路上。

透過這本書，我看到了作者對兒子的愛與不離不棄。這是一本實用的工具書，也是一本身為母親如何對抗屬世錯誤價值的教戰守則，讓同樣身為人母的我特別受到啟發。假使您的孩子還沒有上癮的跡象，這本書提供了許多預防方法；如果孩子已經成癮了，這本書也教導父母如何與這樣的孩子對話，該尋找怎樣的幫助，我非常誠摯地推薦給你們。

（本文作者為壹電視主播、「真情部落格」節目主持人）

專文推薦

由此出發，預防解決上癮問題

張茂松

毒品是一個世界性的問題，不但殘害國家社會，也傷害許多家庭及個人。根據調查，在監所中的受刑人有百分之七十跟毒品有關係，可以想見這個問題有多麼的嚴重。社會應當正視毒品氾濫的現象，政府也應當優先處理毒品問題，在經濟、教育等政策之前。

王倩倩傳道以一位母親痛苦的經驗開始，投身於毒品的防治工作，到今日成為青少年戒癮輔導師，並且將自己的經歷與學習寫成這本《上癮的真相》一書，其精神令人感佩。希望有更多的個人與家庭從中獲得幫助，能夠一起來預防並解決毒品或其他上癮的問題。

（本文作者為新希望基金會董事長、行道會牧師）

專文推薦

引導正途的明燈

曾勇夫

癮，是指「成為習慣而不易戒除的嗜好或癖好」。適當的癮或許無妨，但如果達到傷人害己的程度，那必定不好。現今社會存在太多誘惑及壓力，把持不住、拒絕不了，可能就此淪陷。毒癮、酒癮、菸癮……，染上了可是一點也不過癮，幸好大多數人能從悲慘的案例宣導中，深切了解到滿足癮頭的短暫快樂背後，伴隨而來的會是更多的不堪及懊悔，因而能做出正確的選擇。

然而，仍有不少家庭正面臨自己親人染毒的情況而感到自責與無助，本書作者王女士從自身孩子戒毒成功的過程中，學習到從旁協助與引導的方法，進而將自身經驗及其他實際案例化為心得，集結成書，含括從現今環境形態所帶來對青少年的影響、癮的分類、上癮症狀及原因、成癮者的心理狀態，到如何與成癮者溝通，及協助期間可能遇到的困難和建議等內容，均予以相當的分析與探討，不只是毒癮，對於其他類的上癮，亦多有著墨，對於現今每個家庭，是本很好的引導書。

毒品危害人類健康及社會治安，舉世皆然。為防止毒品腐蝕人心，政府持續致力於對毒品的防制、查緝，甚至成癮後的治療，建立有「使新生毒犯不生」、「低層毒犯不升級」、「已生毒犯戒癮成功」三大目標，希望使國人免於毒害的威脅。但只靠政府的力量是不夠的，從輔導的實務案例中，我們發現戒毒成功的關鍵，包括「自己意願、家人不棄、遠離惡緣、貴人陪伴、要有工作」五大要素。從王女士的書中可知，我們瞭解到不止是毒品的癮，其他類的上癮戒除，也都需要相同的要素。

一般家庭對於成癮者，尤其是毒癮者，常常礙於面子選擇掩飾，避免「家醜外揚」，或是以消極逃避的心態，任其自生自滅、置之不理。雖然成癮的戒除，最重要的是成癮者的意願及決心，但是如果能有親人支持與協助，相信迷途的羔羊終會有回歸正途的一天。至於如何面對、協助與輔導，相信這本書能給予適當的解答及建議。

感謝王女士將自身經歷之心得與讀者們分享。書中提到「學習讓孩子面對困難，而不是躲避困難……」，我想這是每位父母甚至是每個人都應該學習的課題，不管人生有多少起伏，我們都該學習面對承擔。王女士還在自序中提到，「……上帝將許多天使安排在我們的周圍，這些天使都是曾經吸毒或是吸毒者的家庭，他們經歷過的黑暗與傷痕，卻成為許多家庭的祝福……」，如今王女士及其孩子也同樣閃耀著天使的光芒，這本書有他們猶如重生的經歷，也將會是引導迷失人們走向正途的明燈。

（本文作者為法務部部長）

專文推薦

走出流淚谷

黃明鎮

看完《上癮的真相》，我對作者由衷感佩。雖然書中提及她兒子吸毒的篇幅不多，但稍知毒害的人，都瞭解家屬的痛楚和無奈，比吸毒者有過之而無不及。

常聽獄中吸毒的人說：「我用自己的錢吸毒，又沒害別人，為什麼關我？」他們哪能體會會多少親友為之晝夜難安？多少父母因之心碎？更嚴重的是，他們戕害自己身心後，錢用盡了，也會去偷、搶、拐、騙、殺，甚至製毒販毒，以毒養毒。在那種情況之下，就不知會害慘多少人了！

我跑監獄二十四年，天天接觸各式各樣的受刑人。圍牆裡最聰明的，算是吸毒者，為什麼？因為毒品如海洛因，比金子貴幾十倍，他們竟有本事弄到錢買毒；而最笨的，也是這批吸毒者，因為明知是「毒」，是壞東西，像農藥一樣，會死人的，卻偏偏往自己寶貴的身軀吸、打、戳。人一旦吸毒久了，人不像人，鬼不像鬼，人見人厭，只像一隻過街老鼠，人人喊打。因為長久騙人騙錢，人格變質，失去朋友，最後搞得妻離子散，家破人亡。

我們辦公室有一位五十五歲的弟兄，情況差不多，因吸毒在獄中渡過二十八年（在社會上的時間比在監獄短，算是政府養大的），他曾是家人的負擔和累贅，唯一的親妹妹，常以這樣的哥哥為恥。但這四年來，他在更生團契及晨曦會學習，靠著基督的信仰，「分別為聖，堅持到底」，每天讀經、禱告，改掉多年抽菸等惡習，經歷獄火重生，脫胎換骨，目前在更生團契中途之家幫助青少年。最近妹妹攜帶禮物來探視他時，看到他的改變，就以有這樣的哥哥為榮。

台灣政府每年都在反毒，可惜忽略了一篇學術論文所提「戒毒必先戒菸」的論點，以致二十年來，反毒成效不彰。事實證明，「菸戒不掉，毒一定戒不掉」，目前為止，我輔導的成功戒毒個案，都是能戒掉菸，甚至酒和色的人。

另外，「預防重於治療」，父母們也要多花時間陪伴孩子，給他們好榜樣，並隨時注意他們使用網路及學校交友的情形。家人也可以和教會及社區共同組織青少年的關懷保護網，把孩子帶去教會，在孩子徬徨無助時，給予扶持和救助，並隨時導正他們的偏差行為。

「在人不能，在神凡事都能」。作者經歷兒子吸毒的流淚谷，體會不少寶貴的經驗，加上自己多年的研究，提供許多實際的輔導方式，相信足以幫助身陷各式各樣癮頭的人。尤其是她兒子，靠著信仰及家人的支持，起死回生，轉敗為勝，就是令人振奮的最佳例證。

（本文作者為更生團契總幹事暨牧師）

專文推薦

看到戒癮的盼望

劉民和

《上癮的真相》是在華人社會中，對毒品爭戰非常罕見的一本實務輔導書，也是身為吸毒者家人痛苦的經歷和得勝見證。這本書是作者王倩倩傳道親身經歷的奮鬥史，她為了幫助自己兒子脫離毒癮的綑綁，看了許多有關青少年上癮問題的書，並從親身體驗中體悟到一些方法，是刻骨銘心、少之又少的經歷。

幾年前，我在作者家中親眼目睹孩子的情況，王倩倩與丈夫每天輪流把關、陪伴、鼓勵，禁止一些不可以做的事，例如供應金錢；但仍然會開放一些可行的自由，例如讓孩子開車送我回住處，在路上我們有一些溝通，對孩子有正面的果效。

本書提醒家長們，對於青少年上癮問題必須早發現早治療，因為大腦進行修補與強化的時間是在二十五歲以前，即使後來戒癮成功者，人格智力與腦部相關的行為模式，仍然會停留在使用毒品前；同時也提到上癮行為背後最重要的是「心」，人一生的果效由心發出，心癮沒有解決，復發率相當高。書中指出上癮問題的三大類別：物質類上癮、行為類上癮、情緒類上癮，戒除的困難都是一樣的，問題都在「心」。

今天社會上已經證明，任何一件事，只要是誤用、亂用、濫用，都會上癮，上癮就會中毒；而吸毒上癮絕對是一個全人破壞的光景，身心靈與社會行為都遭到破壞，若要治療，需要時間與內容，單一治療行為是很難戒治成功的；但是直至目前，社會上很少提供全人治療的單位。

戒毒，實在是一場與生命拔河的爭戰。我看到作者，她有正確的信仰，認識上帝的信實，因而有一定的信念，產生信心並有正確的信息。例如，上帝的信實其中之一是愛，使人產生愛的信仰、愛的信念，不管對方如何，仍然有信心愛他，這信心是對神的信心，因著信心產生愛的信息。

今天戒治的模式很多，有門診、短期治療、住院治療、社區式的治療；有用藥的、不用藥的等等，無論如何，戒毒是在戒罪，所以我們常說要瞭解人性、罪性、毒性、男性和女性，對戒治會有很多幫助，而戒罪的罪不是指人犯罪的罪行而已，乃是指人與身俱來的罪性，這就是能徹底幫助人戒毒的「福音戒毒」理念。戒毒是吸毒者人生中的一部分，但又是最重要的起步。沒有戒毒什麼都做不了，戒了毒沒有信仰復吸率又相當高，而且牽一髮動全身，只要生活一不如意，立刻又會回到吸毒的光景。

我極力推薦本書，一是這類實際性的書籍，在華人當中少之又少；二是它提供了一些經驗、知識和方法。對預防而言，不明白毒癮的人看了之後會有幫助；對已經上癮的人，可以看到癮是可以戒掉的盼望；特別對家長而言，因著一些認知，不致於毫無頭緒、不知所措而產生憂慮和恐懼的心。

聖經說：「這福音本是神的大能，要救一切相信的。」期盼本書的功用能發揮到極致。

（本文作者為戒毒牧師、財團法人基督教晨曦會總幹事）

專文推薦

苦難背後的意義

魏立健

本書作者是我神學院的學生。記得數年前在學校的禱告會中，倩倩請大家為她禱告，因為她發現她兒子吸毒，當時我知道任何人的話語都無法安慰這位受傷的母親，更何況還是一個傳道人，一個即將畢業、被神所用的傳道人，這是非常不容易的事，於是我用〈哥林多後書〉一章的經文和她分享：「自己心裏也斷定是必死的，叫我們不靠自己，只靠叫死人復活的神，他曾救我們脫離那極大的死亡，現在仍要救我們……」

在陪伴孩子的過程中正值面臨神學院即將畢業，雖然課業繁重，但是學習神的話以及師生的相處，恰巧可以為倩倩傳道帶來不少安慰以及壓力的舒緩。如今神使用她這位曾經受傷的母親來包裹、醫治其他的受傷者，真是非常美好的畫面。印證了〈哥林多後書〉一章的另一段經文：「我們在一切患難中，他就安慰我們，叫我們能用神所賜的安慰去安慰那遭各樣患難的人。」

信仰力量的偉大莫過於此。我們從作者的身上也看到上帝的揀選與呼召，任何苦難的背後都有特殊的人生意義，這本書的誕生正是上帝美好旨意的彰顯。

（本文作者為北美中華福音神學院院牧及教授）

自序

「我兒子曾經感染非常嚴重的毒癮，而今健康地活著，聰明又上進。沒有什麼成癮是無法治療的，關鍵在於父母是否勇於面對，並且用對方法。」

面對淚眼婆娑前來求助的父母，我總會用以上的開場分享個人的切身經歷安慰他們。確實如此，孩子染上任何的癮，包括網路、毒癮、酒癮、色情……等等，或許不完全是父母的錯，但是能幫助孩子脫離各種綑綁的癮，除了上帝，就是父母。

遺憾的是許多成癮青少年的親人，卻對「癮」認識不清或用錯方法，以致青少年無法脫離綑綁，反而越陷越深，眼睜睜地看到孩子的生命逐漸消失在黑暗中，做父母的彷彿只能在岸邊哭泣，既傷痛又無奈……。正因為我也曾經是只能坐在岸邊哭泣的母親，直到我真正認識青少年上癮問題，全心投入上癮問題研究，並且用正確的方法幫助我兒子脫離毒癮的纏繞，在上帝的恩典與憐憫下，經過無數黑夜的哭泣與掙扎，讓我兒子逐漸從悖逆、錯亂、荒唐的人生中，逐漸康復成為健康、孝順、上進的年輕人。我可以做得到，相信這本書的讀者也可以做得到。

從前我的母親曾經告訴我：「家中只要準備熱騰騰的飯菜，孩子就不會變壞。」我自認是個盡責的母親，為了不讓孩子承受台灣的升學壓力之苦，放棄如日中天的事業移民美國，作個盡職的母親。但是傳統的相夫教子，卻無法換得健康成長的孩子。即使我再怎麼努力，當孩子染毒時卻毫無警覺，以致孩子差點因毒品失去寶貴的年輕生命。

當我兒子從溫順、善良、風趣、善解人意的孩子，逐漸變成說謊、偷竊、叛逆、暴烈的「魔鬼」，多次的離家出走、自殺、偷竊……，讓全家人陷入痛苦的深淵，而我完全不知道一切悖逆的行徑其實是「毒品」作祟。我以為只要用無止境的愛、包容、勸誡就能挽回孩子，殊不知當孩子一旦染上任何一種癮就不是我們的孩子。我兒子曾經對我說：「希望妳消失在這個世界上！」我是如此深愛這個孩子，付出這麼大的代價、想盡一切辦法討好他，而這位被我捧在手掌心的兒子卻「希望我死掉」，當時的我心想，如果死了能叫他悔改，那我就死吧！

當我發現毒品針頭的那一夜，正是我人生中最黑暗的一夜，讓我不得不去面對孩子「上癮的真相」，也開始人生中最痛苦、但卻也是最豐盛的「戒癮之旅」。痛苦的是輔導戒癮，特別是自己的孩子必須經歷許多「陣痛」與「等待」，但奇妙的是這期間經歷了許多上帝的憐憫與同在，讓我的生命開始不一樣。我兒子的特殊經歷開啟我對「上癮」的認識與研究，知道如何從家人的角度去幫助成癮青少年脫離綑綁。我不知道如今健康、正常的兒子，是否從此以後不再染毒，但確信的是，父母的覺醒，可以有效幫助孩子邁向康復之路。

上帝將許多「天使」安排在我們的周圍，這些「天使」都是曾經吸毒或吸毒者的家庭，他們經歷過的黑暗與傷痕，卻成為許多家庭的祝福，沒有這些過來人的陪伴，當時的我真不知如何走下去。我並不認識他們，但是這些「走過死蔭幽谷」的吸毒者家屬，卻忠誠地為我們家庭守望禱告，總是盡其所能地提供資源與戒毒知識來幫助及安慰我們，因為他們的幫助，讓我在擦乾眼淚後，才能盡其所能地探索過去十分陌生的領域：「戒癮」。

就在我兒子去戒毒的那段時間，他的好朋友卻因吸食過量海洛因，造成腦部永久性傷害，成為智障者，就這樣一位善良、會彈琴、愛煮義大利麵的年輕人，一時錯誤的選擇，從此失去了青春歲月，帶給家人無止境的傷痛。這樣的血淋淋的吸毒者見證，給我兒子極大的震撼。他今天能夠健康地追求屬於他的未來，實在是這些「折翼的天使」用血淚換來的，也是上帝的恩典與憐憫。

因為人生中有著這樣的刻骨銘心的經歷，帶領我進入研究青少年的上癮問題，才發現華人父母（也包括過去的我）對青少年網路、嗑藥、酗酒的認知竟然如此的模糊。因為文化的影響，讓「望子成龍」的華人父母羞於面對孩子上癮的事實，而耽誤了治療的時機，看到許多父母周而復始地犯著同樣的錯誤，任嗑藥、酗酒的孩子用暴力、偷竊、欺騙、說謊，甚至傷害、蹂躪整個家庭，讓家人每天生活在恐懼的氛圍中，心中真是不捨。當我們幫助一個上癮的孩子，其實是在拯救一個家庭。

許多孩子沒染上毒癮，但卻無法脫離「網路遊戲」的癮。更有不少已經是成年人的「孩子」賴著父母，整天無所事事沉溺在網路遊戲中，經濟、人格都無法獨立，幾乎沒有謀生的能力與意願，成為現代「啃老族」。有時比吸毒還糟糕，死不掉，卻也戒不掉，就像廢人一樣，日復一日、年復一年，當父母逐漸老去，孩子卻無法長大，這也是「上癮」，本書也提供了一些方法幫助這些家庭。

這是一本實用的輔導手冊，其中包括：為何青少年比較容易上癮？什麼是「上癮」？如何預防？如何與上癮者溝通？如何治療？如何邁向康復之路……等等，特別為家有青少年或青少年的輔導老師所預備的。也許你的孩子沒有感染任何的毒癮、酒癮、網路癮，恭喜你！如果你正在懷疑孩子可能有問題，或者你周遭朋友為孩子的上癮所愁苦，盼望在每一個家庭的書架上都能準備這本書，「萬一」孩子不幸上癮，相信本書能提供正確的方法幫助孩子脫離上癮的綑綁。

書中每一個案例都是真實的故事，都發生在華人家庭與社會。書中有些案例發生在美國，也有發生在台灣。許多內容符合華人家庭的背景，相信比坊間一般翻譯的書籍更適合華人父母閱讀。在我輔導的個案中（當然也包括我自己）發現許多問題產生，是因為現今社會的青少年與家長們的成長經歷大不相同，而西方社會與華人文化又有很大的差距，讓我們的孩子產生極大的困惑，特別是「個人主義」以及「少子化家庭」的興起。我們的孩子想要模仿西方青少年的自主個性，卻又不能真正脫離父母的供應；而華人父母盼望孩子獨立，卻又常常替孩子承擔過多的責任。以致許多青少年重者染上嗑藥、酗酒（物質類上癮）的惡習，輕者成為「啃老族」（情緒類上癮），讓許多父母手足無措、頭痛不已。

不要以為你的孩子不會上癮。我們必須對這個世代的青少年有更深刻的認識，學習更多的溝通技巧，以往的「循循善誘、殷切教誨」，在悖逆孩子的身上發生不了作用。我們應該趁早準備、警醒，特別在孩子還是青少年時期，避免產生「上癮」現象，不要讓孩子成為父母一生沈重的負擔。

坦白說，我曾經向上帝抱怨：「早知道我兒子會吸毒，打死也絕不會移民美國。」為了孩子的教育，放棄我深愛的工作及年邁的父母，到一個完全陌生的環境，又遇見孩子吸毒的悲慘歲月，在人的眼光看來真是不值得，但卻也讓我對生命有著更深刻的體會，更容易看到別人的需要，就如同聖經中所說：「我們在一切患難中，祂就安慰我們，叫我們能用神所賜的安慰去安慰那遭各樣患難的人。」（哥林多／格林多後書 1:4）藉著我個人特殊的經歷與研究，這幾年也幫助了許多家庭脫離孩子上癮的困境。深深覺得若家長能扮演好上癮青少年輔導、守護的角色，社會必定會少了許多問題青少年。

在撰寫本書的過程中，得知我兒子有些不滿，因為身為母親的我竟然出書掀開他生命中最不堪的瘡疤。坦白說我心中也是有掙扎，若我兒子極力反對，這本書是不會公諸於世的，我禱告、考慮了許久，最後決定請我兒子擔任校對，並對這本書提出他個人的見解，沒想到看完草稿後，他告訴我：「媽媽，你這本書寫的很好，很正確，會幫助許多人。」有了他的首肯，這本書才能呈現在各位讀者的面前。我兒子健康、平安地活著，是我出版此書的最大動力。

第一章　這是一個「讓人上癮」的社會

那時，

以色列中沒有王，

各人任意而行。

——聖經〈士師記〉(民長紀)

常聽見有人說：「這個社會病了！」這個社會不僅變得病態，而且超乎我們的理解範圍，台灣警政署查獲的校園販毒事件，每年以百分之五十的比率急速增長，無論學生家長或教育單位幾乎將全部精力放在升學及課程，對校園染黑、染毒的變化卻缺乏警覺。

我們的孩子時時刻刻都在面臨嚴峻的挑戰，然而這樣的「挑戰」對我們這一代的父母卻是非常陌生，以致我們無法走入孩子面臨的世界。孩子一個不小心，家長一個疏忽，就會造成無法挽回的悲劇。社會的巨變讓我們孩子輕易地走進「上癮的世界」，家長們必須認清「這是一個讓人上癮的社會」，當問題來臨時我們才能沈著應變。

上癮其實就是「選擇」。常有人問我：「為何孩子會上癮？是個性？是家庭？還是環境？」上癮的原因其實很單純：「他們在錯誤的時間，遇見錯誤的人，所做的一個錯誤的選擇。」上癮的原因就是青少年在某一個時間點所做的「選擇」。

讓青少年「上癮」是非常容易的事。網路無所不在，讓孩子們輕易地沉迷於網路世界，甚至在學校，誰在販毒？誰在吸毒？孩子們都知道。毒品很容易進入校園，近年來學生不僅吸毒，並且販毒，以類似直銷的方式，讓學生充當藥頭。然而學校卻是青少年除了家庭之外，最長時間停留的地方，有效杜絕孩子上癮，父母是一大關鍵。不要說你的孩子絕對不會上癮，因為上癮實在太容易了。

道德基礎的喪失

無論在中國知名大學或在西方國家的年輕人，婚前同居的比率創下有史以來最高紀錄。百分之七十～八十有過婚前同居的經驗，若是你對這種行為有質疑，反而被譏笑為「老古板」，他們會告訴你：「這是什麼時代了！你活在十九世紀嗎？」好像這是普世價值。

以美國為例，美國算是基督徒與教會比率相當高的國家，然而卻只有百分之十知道聖經中的十誡，但有百分之二十八相信巫術，百分之二十四相信靈異，百分之二十相信巫毒。人們特別是年輕人對神秘、黑暗的世界更嚮往。對傳統的道德價值反而有些瞧不起[1]。

筆者曾經訪問許多吸毒者，當他們吸毒的那段時間，幾乎耳邊都會有聲音向他們說話，非常真實，你可以說是毒害作祟，但那種對話內容像極了魔鬼，它的最終目的是將孩子引導到死亡，這也說明了為什麼青少年自殺比率越來越高。

這個當年以基督宗教立國的國家（在美金鈔票中可以看到 IN God We Trust 的字樣），現今許多孩子卻不能在學校禱告並承認自己是基督徒，因為這些行為認為是妨礙宗教自由，絕大多數的孩子也不再尊崇全知全能良善的上帝了。記得有一位基督徒的老師知道學生病了，特別走訪家庭為他的學生禱告，居然被家長控告「妨礙信仰自由」，這位老師還因此被解聘。這也就不難理解，美國的一些重金屬搖滾樂團（包括女神卡卡），他們唱的歌詞裡居然可以公然歌頌撒旦了。

原本的道德規範被否定了，社會瀰漫著一股崇尚「黑暗」的氛圍，傳統的道德價值遭受嘲弄，許多的海洛因患者認為「我吸毒關你什麼事？只要我沒犯

1 http://www.livingfree.org / *Understanding the Times and Knowing What to Do* Copyright © 1991, 1997 by Turning Point Ministries

罪，也沒有妨礙到你。」這樣的心態成為許多吸毒者的藉口。當一個社會沒有真理做為規範，任其為所欲為，是非常危險的。孩子在這樣的環境中成長，很容易走上毒癮、酒癮及同性戀的地步。

大眾媒體的影響

筆者曾經在晚飯時間看到美國著名的電視卡通片「Family guy」，內容居然在歌頌大麻好處，用戲謔的方式鼓勵大家抽大麻，不抽的人都是老古版。

當時我非常詫異，和我同時觀賞的還有孩子們，想想孩子看了會有什麼影響？記得我兒子曾經告訴我：「媽媽，這是一個充滿毒品的黑暗時代，歌曲、電玩、電影、歌星、明星……到處都有毒品。你不可能禁止的，除非你不生活在這個社會。」

筆者有一位牧師朋友，知道電視有許多節目非常不妥，甚至連卡通片都在傳達非常錯誤的道德觀，對孩子們的思想有非常負面的影響。這位牧師禁止孩子觀賞，但你越是禁止，他們就越想看；電視看不到，就從電腦、YouTube看。防得了嗎？在台灣的電視節目也不遑多讓，明星們以十分戲謔的角度拿同居、酗酒當作炒作的話題。打開電視幾乎看不到有質感、適合青少年觀看的節目。

許多明星因為吸毒而上了社會版面，間接鼓舞孩子「沒什麼大不了，他們也這樣」。拜科技之賜，好萊塢電影越來越精彩，賣座更不在話下。許多R級的電影，不是暴力就是色情，其中也有許多吸毒的畫面，這樣的電影會讓孩子誤認「社會就是這樣」，沒什麼大不了。有些青少年還誤以為要喝酒或抽大麻才會帶來創作靈感，認為「乾杯」、「哈草」很酷、很炫！

電影、電視、電腦遊戲的聲光色影，刺激了大腦的「滿足感」，與毒品帶來的感覺非常類似，讓人不知不覺走入毒品的奇幻世界中。這也是為什麼青少年很容易沉迷在網路遊戲的原因。大眾媒體所傳播的價值無所不在，特別是電視，可說是最低風險、最容易讓人上癮的「毒品」。有時讓人昏昏欲睡，也有時讓人興奮不已，筆者也聽說有不少「電視癮」的成人，下班後拿著遙控器，眼睛盯著電視，什麼事也不做，與毒品上癮症狀非常類似，只是合法而已。

家長監護權的挑戰

成年人擁有豐富的人生經驗，應該是孩子最好的諮詢對象，特別是自己的孩子。但事實卻恰恰相反，當孩子有問題或難處時，第一個詢問的對象通常是朋友，或者網路的朋友，最後才是父母。可想而知，答案有多糟。父母不瞭解孩子，以及他們所處的世代，家長的人生經驗與智慧無法提供孩子幫助，同儕的影響遠比父母大的多，以致發生問題時父母束手無策。

由於「少子化」的結果，孩子成為家庭的「中心」與「重心」。常見孩子每年都有慶生派對，大人卻很少有這種經驗。筆者有個親戚在大陸當小兒科醫生，他告訴我通常一個孩子生病，總會有六個大人候診：爸爸、媽媽、爺爺、奶奶、外公、外婆，造成他不少的壓力。在這樣的家庭中成長，孩子以自我為中心，「只要我喜歡有什麼不可以」的心態，對父母監護權的挑戰更嚴重，當與父母有衝突時，也有不少靠山，父母監護權柄自然削弱。

有一位美國高中女生早上因為服裝暴露被母親責罵，到了學校告訴老師被母親「精神虐待」想要自殺，老師立刻報案，將孩子自家庭隔離，政府的社會工作部門介入對母親展開調查。那位高中女孩竟然開出了「二十項條件」要母親「改過自新」才肯回家。母親因為愛孩子的緣故照單全收（條件包括：零用金、管教方式等），你想，孩子擁有這麼龐大的「靠山」，還會對父母尊重嗎？

在筆者輔導的經驗中，八成以上受毒品綑綁的青少年都是家中獨生子女或長子女。這些孩子在成長過程中「集三千寵愛於一身」，一旦犯了錯都是別人的錯，以致當他們遇到困難或壓力時，沒有面對及解決問題的能力，加上朋友慫恿，很容易走上吸毒這條路。特別是家有祖父母的孩子，得到更多的寵愛。許多社會新聞，成年的孩子酒駕闖禍，卻由父母出面道歉，就是一例。

在剛開始吸毒時，會找各種理由蒙蔽父母，因此很難被發現；孩子行為異常時，父母缺乏毒品相關知識，或者忙於工作而疏忽毒品在校園的氾濫。更有父母因為害怕孩子惱怒，會破壞關係，即使心中懷疑也不敢採取嚴厲的管教，甚至連戒癮的事都不敢提，欲蓋彌彰的結果，錯失初期治療的機會，造成家庭更大的災難，十分可惜。

特別是擁有社會地位的父母，如：企業家、教師、醫生、律師……等，礙於「面子」問題，不敢面對孩子吸毒的事實；家長敢面對孩子生病，卻無法面對孩子吸毒。這種現象普遍存在於華人社會中。告訴自己「等孩子長大有一天一定會變好」的鴕鳥心態，或者認為是青少年賀爾蒙分泌的關係，過一陣子自然就好。一些孩子到了二十多歲，甚至三十幾歲，還是一樣無法獨立，甚至自暴自棄。許多不見得是染上毒癮或酗酒，但是卻染上「情緒的癮」，如：依賴、逃避、怪罪等等。以致後果不堪收拾，成為家庭沈重的負擔。父母無法堅守「監督」與「管教」的基本責任，跟著孩子的情緒走，一味討好孩子，等到發生問題時，才來收拾善後，造成許多悲劇。

鄰里防護功能的流失

網路及社群網站的興起，代替傳統街坊鄰居的守望與問安，越來越多的現代人習慣於電腦桌前玩遊戲或上 face book 聊天、發表，與人面對面接觸反而不知所措。有人說「現代人不關心隔壁的鄰居，反而關心起地球之外的外星人」，一語道破人們之間的疏離感。

「社群網路」讓人有更多機會「隱藏自我」，認為用「假我」可以贏得更多「愛戴」，養成孩子假裝、虛假的慣性，長期下來讓青少年很容易獨自躲進毒品或網路遊戲的迷幻世界中。我們也常常看到許多在住宅區裡查緝毒品的新聞，鄰居都不敢置信，竟然住在大毒窟旁，也未察覺鄰居的異樣。我們坐在電腦前的時間遠比在鄰里走動的時間要多得多。孩子缺乏處理人際關係的機會，當衝突臨到時，孩子容易不知所措，此時若遇見朋友的慫恿，一不小心就會落入毒品的陷阱。

青少年成癮的原因之一就是「人際衝突」，如：被女朋友拋棄，或被好朋友背叛，無法處理就乾脆躲進嗑藥、酗酒或網路遊戲的虛擬世界中。人與人之間「沒有關係」以及「遠距交友」的結果，讓孩子沒有機會面對真實的人生，更容易跌入另一個危險深淵。

現代人可以不出門就能生活，有問題時可以躲在自己的房間，不須面對人群。有一位沉迷網路的青少年，居然可以三個月不離開他的房間，每天只靠零食度日。人與人之間的疏離感，無形中讓社區防衛功能失喪，讓酗酒、毒癮者與日遽增。

父母應該鼓勵孩子從小多參加社群活動，如：童子軍、打籃球等團康活動，或在教會內參加青年團體，藉著面對面的小組聚會，彼此守望禱告與一起成長，對年輕人非常有幫助。父母應該鼓勵孩子建立健康的人際網絡，而不是只在視頻網路。

結語

華人家長大都比較注重學校學業，輕忽了社會的負面教育。近年來在台灣對十二年國教討論得沸沸揚揚，家長擔心孩子進不了好學校，但卻很少關注青少年的上癮問題，其實這才是真正動搖家庭、社會、國本的問題。華人父母受傳統士大夫觀念的影響，認為「成績至上」，只要進「好學校」，一切問題都可迎刃而解。殊不知我們生活在一個讓人容易上癮的社會，美國許多名校也有酗酒與吸毒的問題。這與父母的成長經驗是完全不同的，父母絕對不能再用我們的成長經歷去幫助孩子。

社會病態的現象只會越來越嚴重，這也說明了為什麼戒毒中心越來越多。筆者曾經上網搜尋戒毒中心，單單是我所居住的加州橘郡（Orange County）就有數十家戒毒中心。筆者曾經走訪台灣基督教晨曦會的戒毒村，有一位在村裡戒酒癮的年輕人，告訴我他等了兩年，才候補到位置。可見需求量有多大。

面對這個讓人上癮的社會，在青少年成長的過程中，一定要有「被管束的力量」，才不會容易成癮。而這個被管束的力量就是「家庭」。我們經常會認為「家」應該是講究「愛」的地方，其實在現今社會，「家」應該也是主要「接受教育」的地方。若將「教育孩子」的責任轉嫁給學校或社會，將來你會發現受苦的是自己。

在青少年成長的過程中，一定要尋找一個「屬靈庇護所」。不是家庭，就是教會（包括校園團契）。身邊一定要有能夠給孩子「正面能量」的人，我稱之為

「守護天使」。當青少年還在家中，父母就是最佳的「守護天使」。一旦孩子離家就學或就業怎麼辦？最好幫他們預備「守護天使」，如：學校的校園團契、當地教會或者自己信任的家庭或者你所知道的好孩子，特別是當他們感到徬徨無助時，有一群可以一起警醒、分享的同伴，孩子才有正面力量來面對這個「上癮的社會」。

第二章　青少年腦部與情緒發展

上癮者永遠有新的計畫，

他們一次又一次地重新定義世界，

以符合自己的幻覺，

相信事情還在他們的控制之中。

——軼名

為何青少年上癮問題遠比成年人嚴重？所受的傷害也越大？其最大原因就是人類腦部發展速度最快是在嬰兒時期，但是腦部整合與強化時期卻是在十三～二十五歲的青少年。這也就是毒品與酒精的殘害在青少年時期會特別嚴重的原因，一旦上癮，腦部的某一部分功能就會失喪，有可能影響其一生的發展。

絕大多數的「成癮」都發生在青少年時期，特別是「物質類的癮」如：嗑藥、酗酒，不僅有害心靈的健康，還會殘害青少年的身體以及腦部發展。而「行為類的癮」如：色情、外遇、賭博，發生在成人時期比較多，發生在青少年時期的「行為類上癮」大都是「網路遊戲」與「色情網站」。成年人發生外遇、賭博、性侵、迷戀色情又與青少年時期的遭遇有關。為何青少年時期的成癮影響如此巨大？主要與青少年時期的「腦部發展」及「情緒滿足感」有關。

藥物、酒精與腦部發展

腦部影響行為的四大功能分別是：身體的協調性（physical coordination）、

情緒管理（emotion）、動機（motivation）以及判斷力（judgment）。負責情緒和判斷的前額葉皮質（Prefrontal Cortex）在二十五歲前尚未發展成熟，以致青少年行為有以下的特徵[1]：

- 很難控制情緒的表達，很難壓抑心中的憤怒或快樂。
- 比較喜歡消耗體力的活動，熱愛運動的青少年比例比成年人高出很多。
- 偏愛高興奮和低努力活動（如：視頻遊戲、性行為、藥物、搖滾樂）。
- 缺乏規劃和判斷的能力，很少思考負面後果。
- 容易嘗試風險較高、衝動的行為，包括嘗試毒品和酒精。

因為大腦進行修補與強化的時間在二十五歲以前，會讓青少年比成年人更容易酗酒或嗑藥，不但如此，還會阻礙青少年的腦部發展，讓染上毒癮或酗酒的青少年，在成年後更難適應社會與因應生活壓力。即使後來戒癮成功者，其人格、智力等與腦部相關的行為模式，仍然停留在使用毒品前。假設十六歲開始吸毒或酗酒，當三十歲戒癮成功後，其行為模式及腦部發展仍然停留在十六歲。一旦開始使用毒品或酒精，腦部發展就被阻擋，嚴重者還造成腦部的傷害。若吸毒情況不甚嚴重者，也必須在徹底離開毒品一段時間後，腦部才會慢慢恢復正常功能。

記得我兒子有一次問我：「為何我同學的爸爸可以抽大麻，他還是個律師，也很成功啊！還有大麻當作藥物治療帕金斯症，連醫生都在使用，為何我們不能用？」我回答他：「第一，他是成年人，腦部發展已經成熟，毒品對腦的傷害較小；第二，他已經超過二十五歲以上，腦部的判斷力發展完成，會控制劑量及使用次數，比較不會上癮，大麻之所以被當作藥物治療腦部疾病，可見對腦部發展確實有影響。」

青少年經常自以為可以控制大麻或酒精的劑量，不會受毒品的挾制，事實上青少年，特別是二十五歲以前，腦部判斷力、控制力還沒發展完全，根本無法控制自己不會上癮。有些成年人可以控制酒精的劑量，但是青少年就不能，關鍵就在於大腦發展。

1 http://teenbrain.drugfree.org/science/behavior.html

筆者認識一位年輕人，十六歲開始酗酒，只要接觸任何酒類，甚至在生日宴會上的紅酒，就會喝個不停、無法節制，直到二十五歲進戒毒中心後才停止酗酒。青少年腦部的判斷力、整合力不完整，而此時又有藥品及酒精的殘害，如同雪上加霜，這就是為什麼青少年上癮問題特別嚴重的原因。不幸的是，許多國家的法令規定可以抽菸、買酒、賭博的年齡幾乎都在二十五歲以下，網路上許多暴力色情的遊戲也無年齡限制，連充滿血腥、暴力、毒品的R級電影，都只要滿十八歲即可觀賞。這也說明了為什麼犯罪的年齡層會不斷地往下降。

如果父母能有這樣的認識，不要輕易放任未滿二十五歲的孩子任意妄為，家長應該鼓勵孩子從小參與健康的運動，多多參與團康活動，接觸人群，養成運動的習慣，建立正常的生活習慣，讓腦部發展地健康、清新，遠離毒品的殘害。

藥物、酒精與情緒發展

「設法滿足需求」是人類與生俱來的能力，但是當青少年使用藥物或酒精時，這種與生俱來「感覺良好」的能力就會被干擾。大腦由幾十億萬的神經細胞所組成，當我們需要被滿足時，會藉由交感神經傳遞「良好、愉悅」的感覺，例如：當我們吃到好吃的東西，或受人讚美時，交感神經會傳遞「美好的信息」給大腦。這種「感覺美好」的信息我們稱為「多巴氨」（dopamine）。人體藉由食物、運動、學習、人際……等，會自然產生適量的「多巴氨」，讓人感到快樂與滿足[2]。

人類都有喜歡「感覺良好」的天性。很不幸的，藥物會製造過量的「多巴氨」，甚至超乎大腦所能負荷的範圍。換言之，藥物帶來過量的「感覺美好」的訊息，會藉由交感神經傳到大腦，毒品製造的多巴氨遠比任何自然產生的多好幾倍，因此服用毒品的青少年會「感覺特別美好」。網路遊戲也一樣，藉著虛擬格鬥、殺敵、作戰帶來的快感，是真實世界無法滿足的。這種藉由藥物或網路製造大量的「快樂感覺」，讓青少年一旦停止嗑藥或上網，任何事物，包括：好吃的、好玩的、被人讚美的……任何生活中的樂趣，都無法滿足大腦的需求，因為

2 http://teenbrain.drugfree.org/science/moods.html

大腦的神經系統被藥物破壞，滿足感被網路遊戲扭曲。

有些父母想盡辦法討好上癮的孩子都沒有用，因為沒有任何東西會比毒品所釋放的「多巴氨」還要多。這也就是為什麼許多父母總會抱怨上癮的孩子「沒良心」，對他們再好都沒用，其實他們被毒品或網路遊戲產生的「多巴氨」所蒙蔽，任何東西包括父母的愛都無法取代，必須先除去毒品的傷害，孩子才能看清真相。

越是強烈而危險的毒品如：古柯鹼、海洛因、安非他命等所釋放的「多巴氨」也越多，一旦開始戒癮，痛苦指數也越高，相對戒癮的難度也越高。這些上癮者必須不斷地使用藥物

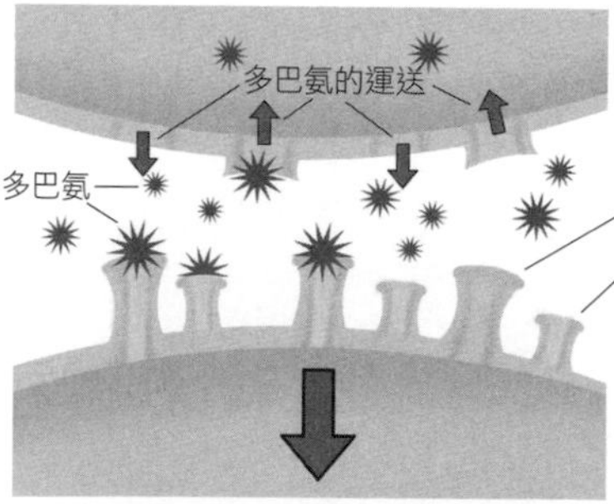

▲透過食物產生「正常」數量的多巴氨，傳送到大腦，產生滿足與愉悅的感覺。

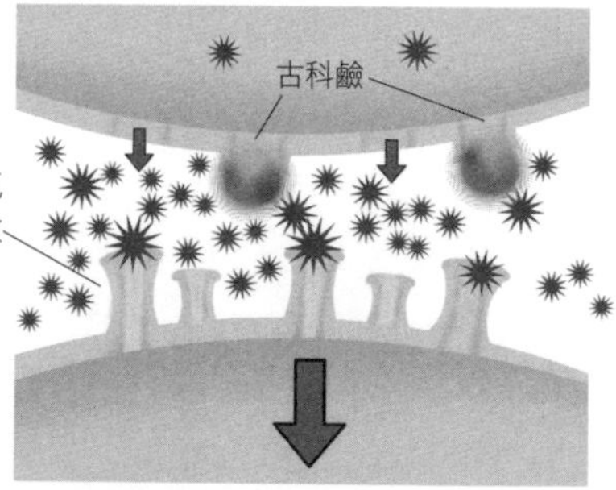

▲透過古科鹼產生「超量」的多巴氨，傳送到大腦產生「極度」的快樂滿足感。

來製造「美好的感覺」。這也說明了為什麼上癮者對任何事物都沒興趣，除了藥物與酒精。他們工作、賺錢、說謊、偷竊、強盜、毀壞……，只有一個目的，就是「取得毒品，製造大量的多巴氨讓他們快樂」。

這也說明了一旦孩子染毒或對網路遊戲成癮，父母的道德勸說、任何努力或愛的教育都是無效的，並且他們都視而不見、毫無感覺，甚至麻木不仁。父母要認清上癮者的情緒是被藥品、酒精及虛擬世界所控制，他們已經不是你的孩子了！要讓孩子理解父母的愛，只有戒癮。一味地討好他們只會使狀況更加惡化，父母不斷地付出無止境的愛卻得不到任何孩子的正面回應，以致不少父母因此罹患憂鬱症或精神疾病。父母必須認知，必須藉助「專業」的外力來幫助孩子戒毒。

結語

上癮與「選擇」有關。青少年時期大腦尚未發展完成，他們有喜愛冒險的人格特質，青少年大腦的「判斷力」功能還沒發展完成，加強了他們「錯誤選擇」的機率。因此酗酒、嗑藥大半都發生在青少年時期。

會對毒品或酒精產生上癮現象，不完全是由於「家庭」或「成長環境」的關係。就筆者的輔導經驗，上癮者來自不同的家庭背景，有單親的，也有雙親家庭的；有環境優渥的，也有家境貧寒的；甚至有些上癮者的父母都受過良好教育，而且十分注重孩子教育。多數上癮的青少年比較沒有自信，怕寂寞，個性較為軟弱，自制力較差。為要取得同儕團體的認同感，以及好奇心的驅使下，在青少年的狂歡派對中，很難拒絕毒品的誘惑，個性不喜歡與人溝通或缺乏自信的孩子，也比較容易對線上遊戲上癮。

華人父母都有一個觀念：「近朱者赤，近墨者黑。」功課好的學生常會在一起互相砥礪、上圖書館。但是資質平凡的孩子呢？他們也需要同儕的認同，而「狂歡派對」是最容易取得認同感的地方，線上遊戲就是最容易贏得獎賞的所在。加上大眾傳媒的間接鼓勵，一起抽大麻、一起喝酒、一起抽煙，就這樣慢慢地走入「吸毒派對」。剛開始青少年有把握在自己掌控之中，只在派對中群體使用，但是一旦上癮之後便開始孤立，經常獨自沉溺在毒品的世界中。

社會提供了酗酒及嗑藥的客觀環境，青少年腦部發展的過程，主觀上讓青少年很難抗拒誘惑。許多父母輕忽了青少年上癮問題的嚴重，以致常常成為最後一個知道孩子吸毒的人。

父母保持警覺，體認到青少年是非常容易上癮的，必須想盡一切辦法讓孩子「沒有機會」成為上癮者。平時要多注意孩子的交友狀況，不要給孩子過多的自由空間，以致沒有界線。任何關於酗酒與毒品的蛛絲馬跡，一定要趁早斷然處理，也就是「過度反應」。讓孩子知道任何事情都可以妥協，除了毒品，一定要「過度反應」。

絕大多數的孩子不懂得如何拒絕同儕的要求，當孩子在派對中，若有人將藥丸或酒遞給他們，這些孩子很難說：「不！」但是如果父母在嗑藥與酗酒的態度強硬，孩子可以比較容易拒絕，也不會得罪朋友，如：「我爸媽管我很嚴，回家會被檢查，我不能在外面嗑藥。」父母是孩子在派對中最好的擋箭牌。

在台灣是香菸和酒，在美國則是大麻與酒，孩子會與你爭辯這是合法的，無論如何只要孩子未滿二十五歲，還必須依賴你提供生活需要，一定要堅持「絕對不准」。即使孩子大發脾氣、離家出走，也必須要堅持。當孩子二十五歲以後，腦部發展成熟，染毒的風險相對降低，才是父母鬆手的時候。

案例

美芬因為父母工作的關係，在高二時轉到這個號稱貴族學校的中學。美芬是個性外向的孩子，很希望在新的學校能結交更多的朋友，只要是生日派對或舞會都盡可能參加，並且參加學校的啦啦隊，讓自己很快地融入新的社交圈。由於美芬是獨生女，爸媽也不反對藉此結交更多的朋友。

同班的曉雲父母離異，家境富有，打扮十分時髦，有一天邀請美芬參加她的生日派對，雖然美芬與她並不熟悉，還是前往，希望能多認識一些新朋友。派對很熱鬧，看不到家長，卻提供了許多啤酒，還有人在抽大麻。剛開始美芬還有些擔心，參加這樣的派對會不會怎樣？但曉雲拉著美芬，偷偷遞給她一顆小藥丸，說：「既然來了，就要盡興，好好享受吧！試一下不會怎樣的，大家都在用！」美芬其實有些害怕，但怕被別人笑，心想：「管他的，反正爸媽不知道，只要一次就好……。」

許多青少年染上酗酒或嗑藥，都是從參加朋友的聚會開始，抱著「試一試不會怎樣」的心態，又擔心因為拒絕毒品而失去朋友的認同，而嘗試喝酒或嗑藥。一旦嘗到酗酒或毒品帶來短暫的快樂，極有可能成為上癮者，若成年人沒有發現或及時干預，後果不堪設想。

第三章　什麼是「上癮」？

上癮者不是地球的敗類，
他們只是一群需要幫助的人。
他們是「好」人，
但是卻做出「壞」的選擇。

——一位母親給死去孩子的悼念文

什麼是「上癮」？簡單來說，我們對上癮的定義是「無法自我控制」，比較容易的說法是「無法控制自己而做出一些傷害別人或自己的事」，如：吸毒、酗酒、性虐待、賭博、抽菸等等。但也有一些「上癮」是普遍存在於生活之中而不自覺的，如：看電視、運動、購物、工作、咖啡……等，只是沒有違法。

聖經中使徒保羅（保祿）曾說：「凡事我都可行，但無論哪一件，我總不被它轄制。」（哥林多／格林多前書6：12）當人無法控制自己非做不可時，就是「轄制」，也就是「上癮」。許多上癮不僅傷害自己，也傷害他人。其實「上癮」也包含了對「人際關係」的傷害。當我們被「逃避」、「恐懼」或「憤怒」轄制，成為習慣，以致讓自己或他人受傷害，這也是一種「上癮」。

案例

楊先生與楊太太皆是約五十歲的中產階級，每週固定上教堂做禮拜，並參加禱告會，常常從事公益活動，對教會活動參與十分熱心。表面上看起來似乎是幸福美滿的基督徒夫婦，殊不知過去這兩年警察經常拜訪他們的家庭，因為他們兩位都無法自我控制。楊先生無法控制自己的憤怒，常常施暴於楊太太。而楊太太經常在言語上激怒楊先生。更糟糕的是楊太太試圖掩蓋楊先生的暴力行為，因為她認為基督徒就該如此，凡事包容、凡事相信、凡事忍耐，上帝有祂美好的旨意。

楊先生與楊太太的問題是情緒的上癮，包含了兩種情緒上癮模式，其中一項是「憤怒」，也就是楊先生長久以來對「憤怒」的情緒無法自我控制而造成傷害。然而更深一層分析，另一種情緒上癮模式是「恐懼」。他們害怕別人瞧不起他們，雖然每天活在暴力的陰影下，仍然按時去教會、做公益，不斷地「掩蓋」以及「不去面對」。用「上帝的旨意」去包裝內心深處的不良的情緒上癮：「恐懼」、「憤怒」、「逃避」等，「不敢面對問題」才是真正嚴重的問題。

上癮的三大類別

因此，當我們論及「上癮」的議題，必須認清不是只有「毒品」或「酒精」

才叫「上癮」，有時「情緒類的上癮」傷害更大。「上癮」模式大致可分成以下三種類型：

一、物質類上癮：使用不當的「物質」，破壞生活管理能力。

◆各種毒品及藥品

◆專注在某一類的食物或暴飲暴食

◆酒類、香菸

二、行為類上癮：使用不當的行為，破壞生活管理能力。

◆賭博

◆購物狂

◆色情刊物或其他性癮

◆社群網路電玩遊戲

◆運動

◆工作

三、情緒類上癮：透過不當的情緒反應，影響及破壞人際之間的關係。

◆憤怒：用暴力對待他人，特別是自己的親人

◆逃避：躲藏心態不去面對問題

◆負面：凡事都以負面的想法，與人相處

◆恐懼：對人、事、物的害怕

以上三大類別的上癮行為模式，戒除的困難度都是一樣的。「物質類的上癮」是我們比較在意的，因為會影響身體及生活；「行為類的上癮」需要一段時間才會產生上癮現象，有時也不易讓外人察覺；而「情緒的上癮」是我們比較容易忽略的上癮模式，有些人一再地重複一些情緒反應，並且成功達到他的目的（一時的快樂、滿足），就產生「上癮」現象。「情緒類上癮」有可能發生在任何一個人身上，如：憂鬱症患者在剛開始時就是屬於「情緒類上

癮」，不自覺地用「逃避」、「封閉」、「負面」等情緒處理他們所面對的問題，逐漸成為病症。「暴力」更是如此，當他們開始使用暴力時卻沒有任何制止及承擔後果，反而一再得逞，就會產生「成癮」現象。

我們要很小心，不要讓「情緒」成為上癮的一種。事實上就筆者的輔導經驗，許多藥癮、酗酒的家屬，會有「情緒上癮」現象，那就是「恐懼」與「逃避」。

有一位從事資源回收的母親，收入有限，但卻有個二十四歲的吸毒兒子。當她的兒子跪在她面前痛哭要錢時，這位母親寧可自己縮衣節食，明知兒子拿到錢一定會去買毒，卻還是給他錢。在我們看來簡直不可思議，怎麼會有這樣的母親？難道不知道給兒子錢就是給兒子毒品？事實上這位母親本身也是「上癮者」，不是酒癮、毒癮上癮，而是情緒上癮：「逃避」，不去面對兒子吸毒的事實。

每一個人都曾經潛意識地想要承擔別人的問題，前述案例丈夫有暴力的問題，妻子用忍耐來承擔；孩子闖禍時，父母也想盡辦法替孩子承擔，但是你會發現最後這個擔子還是落在孩子身上，並且情況更糟。筆者不是鼓勵不要幫助上癮者，而是我們要分清楚：「我這樣做可以幫助他解決自我控制的問題嗎？」」父母幫孩子「承擔後果」不是幫助上癮者，而是將上癮者推向更嚴重的深淵而不自知。

常有親子專家鼓勵父母「放手」，「放手」不是「放任」，放手是讓青少年學習自我控制的能力。在放手之前，要設立「界線」，讓孩子明白越過界線會帶來哪一種後果。許多青少年上癮問題嚴重化，是因為父母不斷地幫孩子承擔後果，無形中犯了「情緒的上癮」，家屬選擇「逃避」、「憤怒」、「恐懼」等情緒來因應孩子的物質類上癮。

許多家屬一再容忍暴力相向，或放任配偶、孩子吸毒，其實都是另一種「癮」，只是沒有犯法。許多酗酒或毒品上癮者的家人，都被「懼怕」轄制著，以致無法有效幫助孩子：「害怕」面對上癮的真相所帶來的痛苦與羞辱，「害怕」孩子、配偶的憤怒或離家出走，這種「恐懼」的情緒，讓問題越來越嚴重。

特別是華人家庭，因為情緒上的逃避、恐懼，所造成的傷害，可能比其他種族的家庭更加嚴重。華人比較不擅於自我揭露，注重名聲，普遍存在於華人社會的兩個觀念，深深影響家長「情緒的上癮」，帶給自己及孩子許多壓力：

一、士大夫觀念

「功課好就是好孩子」。華人社會普遍存在「萬般皆下品，唯有讀書高」的觀念。認為只要成績好，一切沒問題。有些成績好的孩子容易驕傲，忽略了除了成績以外的事物，不少孩子大學進了名校，卻染上大麻、同居的麻煩，最後無法畢業。更有許多孩子成績好，但卻無法面對真實的世界，大學畢業應該可以獨立的時候，卻躲進網路或色情的「癮」之中，終日無所事事，形成另一種情緒的上癮。許多應該獨立生活的成年人，卻賴著父母，雖然沒有吸毒，但大都屬於情緒類的上癮。

而資質普通的孩子，學業成績不理想，很容易自我放棄，許多線上遊戲或毒品的上癮青少年，大多是「自我形象」比較差的孩子，他們在真實的世界得不到肯定，轉而走入「虛擬世界」尋找自我的成就感，是非常危險的。父母要多建立孩子的自信心，不要讓「成績」成為衡量價值唯一的標準。要注重「品格」勝於

「成績」。他們才有勇氣面對真實世界的挑戰。

二、結果論英雄

「好孩子的父母就是好父母」。華人社會的父母普遍有「比較」的心態，成績、才藝、學校、職業……甚至在樂團坐哪一個位置，都要比較。當親友們得知你的孩子考上名校，第一句話一定是：「恭喜！」一旦孩子在課業上或事業上的排名、成績、收入，成為父母的「成就」時，無形中帶給孩子壓力。當孩子犯錯時，父母的第一個念頭也是：「我做錯了什麼？讓孩子這樣……」更讓上癮者父母「加速掩蓋」。

有位母親告知自己的父親和兄姐，關於孩子吸毒的事，心想自己的家人總會給予精神上的支援與安慰。然而家人的回答竟然是：「妳是怎麼教孩子的？教出這種吸毒的孩子？」、「妳的孩子吸毒，我的孩子念醫學院，因為我不像妳……」為這位可憐的母親帶來更大的羞辱。無形中也讓吸毒孩子的父母羞於對外表達，更遑論尋求幫助，甚至無法面對孩子吸毒的事實，選擇逃避、躲藏。其實每一個孩子都是獨立的個體，孩子染毒也不完全是父母的錯，孩子書讀得好，也不能完全歸功於父母。

案例

麗雅的父母在台北經營補習班，因為工作的關係，母親對麗雅的功課要求十分嚴格。為達到父母的期望，麗雅竟然在學校考試時作弊，還因此與老師發生肢體衝突，不得已麗雅只有轉到另一所私立高中。當輔導員得知麗雅在派對中吸食毒魔菇時，特別邀請麗雅母親參加「青少年戒癮輔導講座」，不料麗雅的母親回答：「我女兒和我關係很好，她吸毒我一定知道，我經常警告她，不可吸毒，叫她不要像你的兒子一樣。」輔導員當時心想：「我兒子已經戒毒很久，而你女兒正要開始……」於是輔導員以「不參加沒關係，孩子是你的，不是我的」做訪談的結束。

這位母親就是典型選擇以「逃避」來處理孩子的問題。孩子因為作弊與老師衝突，就選擇轉到私立學校規避因作弊帶來的懲罰。孩子在派對中吸毒也自認為不可能，「因為孩子吸毒一定會告訴我」。更由於「萬般皆下品，唯有讀書高」的觀念影響著孩子，以致孩子為了追求好成績而作弊。家長注重學業、輕忽品行的結果，孩子將來上了大學缺乏自制力，很容易受引誘。這位母親竟然用「不要像某某人一樣」的方式和孩子談論毒品議題更是非常不恰當，讓孩子以為「我吸毒只要沒人知道就ＯＫ。」在孩子剛開始接觸毒品時，沒有採取斷然措施，而採取逃避、虛假的態度去面對。當孩子到了大學時期，成績若跟不上，又有在派對中吸毒的經驗，是非常危險的。

有些父母過度注重學業的結果，忽略了品行與靈性的重要。如：考試期間不要去教會、只要成績好不用做家事、考試期間什麼都不用做……。還有些孩子其實資質平凡，父母為了讓孩子進入名校，不惜一切代價補習、請家教。孩子雖然進入名校，卻無法面對同儕競爭的壓力，以致乾脆放棄，用網路遊戲、毒品、酗酒逃避，以致越陷越深。

記得在數年前有一則新聞，報導有一位來自南部鄉下的孩子，原本在南部國小、初中都名列前茅，是當地的狀元，高中考上北部知名的建國中學，但卻無法適應都市生活以及激烈的競爭環境，加上家長不在身旁照料，以致染上毒品，鋌而走險犯下大錯。如果這個孩子繼續在南部讀高中，會犯下大錯嗎？或許將來的成就也不差。其實品行與靈性才是最重要的，而不是學校排名。

就因為華人有以上這些觀念，無論是「鴕鳥心態」或「大事化小」，無法早期治療孩子的上癮問題，到了大學更加困難。有一位母親，自己的兒子吸毒酗酒，但連自己的女兒都不敢告知，連來探訪的輔導員都試圖隱瞞，其原因就是「害怕」影響孩子的將來，怕孩子在人群中被貼上「壞孩子」的標籤。筆者輔導的個案中，也有不少父母不肯吐露真相，企圖隱瞞孩子嚴重吸毒的事實，即使哭哭啼啼地前來尋求幫助，但在初期輔導階段，因為家長無法據實以告，筆者無法做出有效的判斷。

聖經中記載，人類犯罪的第一個動作就是「躲藏」（創世記 3:8），用樹葉「遮蔽」裸露的身體。上帝呼喊亞當的名字，亞當就害怕（創世記 3:10）。當我們發現孩子吸毒時，孩子也試圖隱藏、掩蓋事實；而當社區發現我們的孩子吸毒，父母也想盡辦法掩蓋，怕別人會歧視孩子。華人社會深受以上兩種文化影響，對青少年缺乏正確的教養觀念，為了害怕被冠上「失敗父母」、「壞人」、「壞孩子」名號，想盡辦法隱藏。結果孩子得不到醫治或延誤治療，以致腦部受損，不少上癮者及家長雙雙都得了精神病，讓事情更加惡化。

發現孩子「嗑藥」或「酗酒」，但卻選擇「逃避」、「掩蓋」的家長，我們稱為「上癮加工者」。每一個人都必須為他所做的行為負責，學習修正，並且越早越好，青少年早期發現、早期作正確的治療，擁有美好前途的大有人在。父母必須幫助上癮的青少年，承受「上癮」所帶來的「後果」。這是第一步，也是最重要的一步。

上癮是「罪」還是「病」？

任何「上癮」都與「偶像崇拜」有關。有人崇拜「金錢」，於是開始對工作或賭博上癮，成為工作狂或賭徒。有人的偶像是「子女」，於是教出被慣壞的孩子。有些青少年的偶像是「明星」，明星的服裝、言行舉止成為模仿的對象。加入幫派是因為崇拜「大哥」的神氣。對網路遊戲上癮是因為遊戲中的「虛擬英雄」成為偶像。當生命中有一樣東西成為「無可取代的地位」，想盡一切辦法、不計任何代價，就是要得到，這就是「上癮」。

我們必須承認，在生命中有許多無法「自我控制」的罪性，我們常認為物質類的毒癮、酒癮才是「上癮」，事實上只要認為「自己可以控制」（事實則不然），就容易產生上癮現象，例如：當你認為可以控制看色情網站的次數，或者你可以控制吸食大麻的次數，那麼你極有可能對色情網站或大麻上癮了。

許多犯罪行為的產生幾乎都是由「意念」開始，如：「這樣做不會怎樣」、「反正沒人知道」、「偶爾一下沒關係的」、「一切都在我掌握之中」……，上癮的開始也是一樣。按照聖經的標準「只要動了淫念就是犯了姦淫」，這是非常好的觀念。任何「上癮」模式就是從「意念」開始。

許多成癮在剛開始時，外人是不會察覺的，如：觀看色情網站、工作狂以及各種情緒類的上癮現象。相反地，認為自己是軟弱的、是有機會上癮的，盡量遠離讓自己上癮的情境，這樣的人就比較不容易「成癮」。所有吸毒者在剛開始吸毒時，都認為毒品在自己的控制範圍內，他們不會上癮，但其結果就是成為「毒蟲」。許多青少年就是因為在派對中喝點酒、拉點K，認為「偶爾用用沒有什麼」而落入更大的深淵。

當你認為自己無法掌握、有可能會上癮，必須仰賴另外的力量或警醒自守、小心翼翼，才能有效杜絕上癮，那麼你上癮的機率就會降低。有些男士從來不單獨與女性友人用餐，因為他認為自己有可能落入外遇陷阱，這樣的心態反而讓這些男士沒有機會產生外遇。通常「戒癮」的第一個步驟就是「承認靠著自己無法戒癮」，這時才開始了真正的戒癮之旅。

只要是人類，都有著「偶像崇拜」的心態。按照聖經的說法，「以別神代替耶和華的就是罪」。有人崇拜金錢、有人沉溺於掌聲、也有人崇尚美貌……等，當人們崇拜不正確的偶像，就會導致犯罪，如：說謊、嫉妒、貪婪……，這些都是「罪」，與「毒癮」所帶來的罪是一樣的。

我們對別人無法察覺的「小過犯」妥協的結果，就會帶來更嚴重的過錯，而導致上癮。例如：有些父母對女兒說，妳可以婚前和人同居，但是要記得帶保險套；你可以酗酒，但是酒後不要開車；你可以在家欺負太太，但是到了教會或公司千萬不可；偶爾看一下色情網站，沒有人知道的。事實上，婚前性行為、酗酒、暴力都是「罪」，偶爾看一下色情網站，有可能導致上癮，最後產生偏差性行為。

為何聖經定下的道德標準如此之高（聖經上說：世人都犯了罪）？因為人類對「罪」不斷地妥協，認為「這沒什麼」的心態會帶來更大的災難。以聖經的標準而言，吸毒、酗酒這些「罪」，就像你我每天有可能犯的「罪」一樣，只是，當你嗑藥或酗酒時，嚴重傷害你自己和你的生活、家人，甚至導致違法。

社會上絕大多數的人對待上癮者，特別是毒癮或酒癮患者，都是以「罪犯」的眼光對待，筆者認為「吸毒者就是罪犯」的觀念不適用於青少年，因為這樣的認知導致父母不敢承認有個吸毒的孩子，認為這是極其羞辱的事，以致上癮家屬及上癮者本身不敢面對社會。當你孩子生病會不敢承認嗎？你一定昭告諸親友或到處找醫生、尋偏方，但是如果孩子犯了罪呢？你會這麼做嗎？甚至有些毒癮犯在開始吸毒時認為「我吸毒又沒有礙著你，只要沒有罪行，干你何事？」

事實上，嗑藥和酗酒其實是一種「病」，這個病症會引起犯罪、違法、傷害他人的結果，就像感冒會引起食慾不振的結果一樣。「酗酒」是一種疾病，這種疾病有機會導致「酒後駕車」，違法並傷害他人。產生罪行就是要接受法律制裁，但是對吸毒引起的罪進行懲罰能醫治他的癮嗎？許多毒癮罪犯進入監獄好幾回，有去掉毒癮嗎？他們一出監獄，第一件事就是吸毒。嗑藥的人對藥物成癮，因此不惜做出違法或違背倫理的事，上癮青少年若能在尚未產生罪行之前就能成功地去掉「癮」的誘惑，自然也減少犯罪的機率。因此，我們對待「上癮者」必須像對待慢性「病人」一樣，有病要醫治，同樣吸毒也要被醫治。只是方法不同。

「犯罪」是嗑藥後的必然結果，為了買毒品不惜說謊、販毒、偷竊、強盜、殺人……等，產生吸毒後的「病徵」，我們為了處理這些吸毒的「病徵」，將毒癮者送入監獄，「進監獄」只是處理「病症」，並沒有從根本治療或消滅「病菌」——也就是「毒癮」。曾經有一位審理毒癮罪犯的檢察官這麼說：「吸毒者是『罪犯』但也是『被害者』，這是非常正確的說法。」

更令人扼挽的是，有些父母認為孩子吸毒就是犯罪，就是羞辱，以致不敢承認。但當孩子染毒時，卻想盡辦法掩蓋，直到孩子進了監獄、精神病院，甚至失去生命。在台灣還有些學校不敢舉報學生吸毒，理由居然是怕影響「校譽」。因為在這個社會，很少人會因為「生病」而被瞧不起，但吸毒就不一樣了。當我們知道有人生病時，還會去慰問、關懷、禱告、煲雞湯，盡可能去協助醫治；但是當有人犯了毒癮時，我們又做了些什麼？絕大多數的人都是視而不見或敬而遠之，甚至是唾棄。有些家人長期被酗酒者騷擾，最後索性放棄，就當沒生過這個孩子，放任他在社會上違法亂紀。

這也是為什麼「戒毒系統」遠比「醫療系統」落後許多，以致毒癮犯越來越多，社會問題越來越嚴重。在美國，許多街上的流浪漢都是被家人拋棄的酒鬼，因為他們無法自理生活。而毒癮患者就更糟糕，他們受毒品的侵害，產生幻覺，無法控制自己的情緒，毒癮上身，以致暴力、犯罪、販毒……造成許多社會問題。

筆者不是要為這些吸毒、酗酒者找藉口，這些青少年在茫然無知時感染到毒品、酗酒，做出許多違反常理的事，製造許多社會問題，如果家人、社會不去幫助這些孩子戒癮，放任他們、掩蓋真相，就好像有病不去醫院，反而去百貨公司傳染更多人。「病」會傳染，「癮」當然也會傳染，並且製造更多的麻煩，這也是為什麼許多毒癮患者最後一定會走上販毒，甚至更嚴重的犯罪行為，而酒鬼總會伴隨著暴力犯罪的原因。

你或許會說這是毒蟲們「自甘墮落」、「咎由自取」，但是當青少年在二十五歲之前被引誘吸毒（就好像我們人體被細菌侵害而生病），頭腦組織被破壞，失去判斷力與情緒控制的能力，為了滿足毒癮進而說謊、偷竊、殺人、虐待，做出我們一般正常人不會做的事。我們經常在社會新聞中看到一些逆倫、殺人、強盜的恐怖事件，常常令人匪夷所思，其實背後都是因為「毒癮」和「酒癮」作怪。

生病我們都知道找醫生、到醫院，然而當家人吸毒、酗酒，我們卻不知所措，只能眼睜睜地看著他們生命逐漸消失在黑暗中……。有些嗑藥、酗酒者的家人除了長期飽受上癮者的精神折磨外，有時還要忍受他人的質疑，認為「孩子吸毒、父母有責」，特別是許多家有長輩的父母非常辛苦，除了要忍受上癮了女的長期折磨，還要忍受長輩的責難，認為「教子無方」。成癮孩子的悖逆加上親戚朋友的責難與質疑，讓成癮者父母常常情緒崩潰，成為另一批受害者。這也就說明了為何「醫病容易戒癮難」。

治療毒癮與酒癮的患者，所需要的時間與難度常常要比一般病患要多的多，求助的機構也比較少，青少年在腦部組織尚未發展完全之前，因為同儕的引誘而吸毒或酗酒，實在非常可惜，家人與社會有責任幫助他們，走向康復之路。

如果青少年染毒會產生「罪行」也是一種「病症」，那麼誰來醫治青少年的染毒之病呢？絕對不是只有「戒癮中心」，而是一個團隊，成員可能包括：父母、老師、警察、輔導……，治療團隊最重要的主角就是「家長」。家長們必須認知，若是你將教育孩子的「擔子」交給學校，那麼將來孩子悖逆的「重擔」必然會加倍還給你。

可惜的是，華人社會對成癮青少年的治療資源十分有限，必須仰賴家長責無旁貸地擔負起治療上癮者的責任，家長需要學習並認知上癮對青少年人格、行為、生命的巨大影響，並且學習有效的溝通方法，在青少年剛開始有上癮跡象時，用正確的方法立即干預，可以減少青少年犯罪的機率。治療藥物濫用及酒癮，家屬絕對是關鍵。

青少年上癮形成的階段

家長對「癮」的妥協，就好像你給青少年一點「縫隙」，他會把這個「縫隙」慢慢拉成一個「洞」，然後跳下去，將自己埋葬。

任何一種上癮的形成都是「過程」，都需要「時間」，都是循序漸進，漸漸步入「上癮」。這就是為什麼為人父母者一定要早期干預，並且越早越好。曾經有作者[1]將青少年常見的藥物上癮過程分五個階段，發現初期大都與朋友一起使用，用「嗑藥」與「喝酒」取得團體的認同，並分享快樂的經驗，在不知不覺中逐漸走向病態，於是開始個人沉溺在毒品中，藉此躲避真實的世界，並以嗑藥或酗酒為此生最重要的目標。

以下是成癮步驟，家長若能在初期進行干預，則可避免孩子走向自我毀滅的上癮之路：

一、好奇時期

看見電影或知名人物在使用，加上容易取得，在「只要抽一口，也不會怎樣」的心態下，嘗試吸毒或酗酒。通常在十八歲以下，由朋友分享較多，在美國大都是香菸、酒類及大麻，在台灣則是在生日派對中吸安、拉K。任何青少年的聚會最好有家長在場，並且盡可能不要在外面的不良場所，如賓館、KTV等。

在美國，法律規定若在十七歲以下使用酒類、香菸、大麻，警察有權利介入。有位高中女生在十六歲時參加朋友的生日派對，因為過於喧嘩，被鄰居檢舉。第一次喝酒就被警察逮捕，並且通知家長，嚇得她以後再也不敢參加派對。這是好事，家長應該偷偷高興。孩子在好奇階段，家長就進行干預，效果最好。

1 《伴青少年度過掙扎期》，賴斯．派瑞著，橄欖出版社。

二、模仿時期

青少年因為少數幾個人的影響而去模仿。覺得好酷、好帥，與朋友分享嗑藥、酗酒的快樂經驗。或者在團體中為取得認同或受人重視的地位，誇耀自己的大膽，以及嘗試過毒品帶來的快感，而再度使用。此時已經上癮而不自覺，大多認為毒品在他們可以控制範圍內。

三、追求時期

認為「酗酒」或「抽大麻」是他們生活的目標，習慣用喝酒或大麻來面對各種社會事件，找理由來印證他們是對的，「喝酒不會怎樣」、「大麻是上帝創造的」、「安仔是好東西」等理由，將自己的上癮合理化。並且努力讓酒品、大麻供應不會斷掉，如：打工或找理由向父母要錢。

四、感覺幸福時期

全神貫注在自己的情緒表現，高興、快樂就好，「只要我快樂有什麼不可以？」、「我吸毒沒有干擾別人」、「今朝有酒今朝醉」、「管它明年有沒有考試，過了今天再說」等。認為喝酒、大麻與吸安是此生最令人快樂的事，可能也計畫未來幸福的日子。

五、放縱時期

整天沉溺在酒鄉或毒品中，渴望幸福感卻難以達到，乾脆放縱自己，對酒、大麻、安非他命等的需求量越來越大，甚至轉向其他更嚴重的毒品如：古柯鹼、海洛因等才能滿足。不計一切後果與代價，以獲得毒品為人生目標，反正人生已經沒有希望，死就死吧！此時已經邁向病態的青少年。

「癮」戒的掉嗎？

因為「癮」實在太難戒了，有些人乾脆放棄治療，與「癮」妥協，以致問題越來越嚴重。有人終其一生都在「吸毒」與「戒毒」中不斷地循環。所有的毒癮患者幾乎都知道毒品的危害，筆者曾經問過安非他命的毒癮患者，他們幾乎都知道安非他命會帶來膀胱的永久損害，會傷及腦部發展，但是還是繼續使用。聖經上說「上帝愛世人，卻恨惡罪」，我們正確的態度應該是：「愛那些因毒癮而生病的青少年，但是對『毒品』卻絕不妥協。」因此，如何有效地戒除毒癮及酗酒，是每一位為人父母者最重要的責任與義務。

絕大部分的人對「成癮」的定義都集中在有害身體的「物質類上癮」（酒精、毒品等），但是只要會影響生活，讓人產生依賴性的都是「成癮」，如：工作狂、購物狂、賭博、憤怒、逃避，甚至喝咖啡、看電視。「物質類的上癮」我們知道要到戒毒中心，但其他類的上癮，因為比較不會產生犯罪行為的「徵狀」，相對要戒掉比較困難，但其干擾生活的程度，有時比「物質類上癮」更加嚴重。例如：青少年整天沉溺線上遊戲、購物狂造成卡奴、迷戀情色讓婚姻關係破裂等等，有時必須去看心理醫生或與群體隔離才能治療。

面對這麼多的上癮問題，然而放在我們心中的問題是：「癮」戒的掉嗎？需要多久？戒掉後會不會又回去了呢？青少年的人生正要開始，家長豈能坐視孩子被毒癮、酒癮毀掉一生？其實任何一種「癮」都有機會戒掉的，特別在青少年時期。若能在成年（二十五歲）以前進入長期戒癮，復發的機率比較低。「戒癮」就像其他慢性病一樣，需要時間與療程，以及無數個難熬的關卡。關鍵在於：

- 家屬態度與堅定度
- 上癮者的意志力
- 仰賴上帝的恩典

為何將家屬的態度放在第一位呢？若家屬因「懼怕」而不敢面對，那麼青少年治癒的機率幾乎是「零」。如果家屬願意面對孩子吸毒的事實，並且願意配合，孩子就有百分之三十的治癒機率。如果能送戒毒中心被隔離一段時間，就有百分之六十的機會。

從戒癮中心畢業後一段時間，孩子的意志力被鍛鍊，順利康復重返社會，就有百分之八十的治癒率。為何上癮的治癒率不是百分之百呢？因為戒癮沒有百分之百成功，剩下的百分之二十要靠戒癮者本身的意志力，承認「靠自己」是無法戒癮的，必須仰賴更大的力量，才能真正做到戒癮。誰也不能保證在人生的道路上，絕對不會上癮，許多成年人在中年時染上了「外遇的癮」就是一例。有些人做到戒癮的百分之八十，但卻忽略了那「警醒自守」的百分之二十，以致功虧一簣，再度走上「上癮」的路。在美國以酒癮、菸癮與賭癮最難戒除，在台灣也一樣。因為合法化的結果，讓誘惑幾乎無所不在，到處都買得到菸酒。加上青少年大多意志力薄弱，容易受引誘，「警醒自守」相對困難。

坦白說，戒癮成功有時需要一些奇蹟。因為過程實在太辛苦，與一般病人不同，毒癮、酒癮患者，會不斷地產生許多傷害別人的行為，對他人、家人、社會等造成許多危險與犯罪，許多成癮家屬長期活在擔心害怕之中，有時要幫闖禍的孩子收拾善後，有時要忍受孩子的癲狂，甚至連傾訴的人都沒有，也看不到盡頭與光明，其中的痛苦，很難靠自己度過，有時真的需要一些峰迴路轉的奇蹟及仰賴上帝的恩典。

但是當父母勇敢面對孩子上癮的真相，為孩子迫切禱告，幫助孩子走上戒癮之路，有一天當這些孩子長大成熟，由於走過人生的低谷與陰暗，對上帝的恩典有更多的經歷，反而能成為別人的祝福，藉此幫助別人，如：劉民和牧師及晨曦會的同工，他們在青少年時都是吸毒者，但戒毒成功後，幫助許多青少年邁向康復之路。

真正戒毒成功的孩子，還有一項特色就是「比較孝順」。父母為了拯救被毒品、酒癮綑綁的孩子，所受的痛苦及羞辱，當他們康復後是知道的，雖然這些孩子不見得是所謂「事業成功人士」，但比較會感恩、懂得珍惜，並且樂於幫助人。他們將來對人生的領悟也比較成熟。目前幾乎所有戒毒中心的輔導人員，大都是曾經吸毒的人，他們親身經歷毒品帶來的痛苦，知道青少年走過的人生黑暗面，也比較願意幫助人。戒毒成功者成為傳道人或社工人員比率也相當高。

任何上癮問題都能得到醫治並且戒除，但是無法一夕之間改變，需要經過漫長而艱辛的旅程。這也就是為什麼比較有效的戒癮中心大都在一年半以上，需要時間治療。戒除毒癮、酒癮以及任何形式的成癮，不外兩大出路：

一、隔離環境，開始戒癮之旅。

二、棄絕偶像，讓聖潔的神進入心靈。

但是，必須要先經過面對「上癮真相」的痛苦以及無數個人生黑夜，上癮者及上癮者家庭才有機會被醫治。

第四章　行為類上癮：
網路迷惘之電玩遊戲與色情網站

完美的天父，

請祢溫柔地提醒這些父母：

祢的孩子也是讓祢如此擔憂操心……

——露絲．葛理翰（Ruth Bell Graham）

上癮分「物質類上癮」和「行為類上癮」，前者上癮的是毒品、香菸、酒類等等，後者上癮的則是網路遊戲、賭博、工作狂、色情等等。最大的不同就是物質類上癮以「試一試」的心態開始，一旦嘗過毒品所帶來的快感滋味，就很容易上癮；而行為類的上癮則不同，絕大多數是以「漸進」的方式，次數與時間是影響上癮的關鍵，偶爾一試是不會上癮的，但時間過長則有可能引發上癮。因此，如果能有效控制「行為」的時間，則可避免上癮。例如：上網時間控制在一定的範圍內，麻將不是常打也不會產生上癮。

聖經中有一段經文記載，行為類上癮的特徵是「漸漸」地墮落，〈創世記〉十三章描寫當時亞伯拉罕（亞巴郎）和他的姪兒羅得（羅特）分道揚鑣，羅得選中的是平原中的城邑，但卻漸漸地移到所多瑪，而所多瑪在當時以現在的說法是罪惡之城，充滿色情、同性戀、濫交、暴力，在剛開始羅得並沒有住在這個罪惡之城，而是在不知不覺中「漸漸」往罪惡之城靠近。行為類的上癮模式也是如此，剛開始並沒有沉溺，也許是好玩、好奇、新鮮感，覺得有吸引力，不得不靠近，逐漸成癮，到了最後無法自拔，毀掉了家庭，也毀掉人生（見聖經〈創世記〉

第十三章、十九章）。這就是典型的行為類上癮。

行為類上癮模式也因著年紀的不同而有所區分。大多數青少年沒有收入，因此較少「賭癮」、「購物狂」、「工作狂」等上癮行為模式。本書針對青少年的上癮類型，因此著重在「網路遊戲」以及影響未來身心靈健康的「色情網路及刊物」。

戒除行為類上癮有時比物質類上癮還要困難，因為無法完全根絕，特別在電玩遊戲部分，網路的無所不在，讓人防不勝防。因此家長們在輔導孩子戒掉「網路遊戲癮」時，必須掌握「行為類上癮模式」關於「時間控制」及「漸進式」的要點，即可避免孩子因為網路遊戲的上癮而影響未來。換言之，你不可能完全杜絕網路，但必須控制孩子上網的時間以及上網的遊戲內容。不能毫無節制地任由孩子掌握上網時間，因為一旦上癮就非常難處理。

但是青少年網路問題不僅是只有「遊戲」而已，比較危險的是「色情」。許多性侵的罪犯，其背後的因子大都是在青少年時期沉溺「色情網站」或「色情刊物」，他們對兩性的觀念若是來自病態的色情網站，是非常危險的。輕則影響男女朋友的正常交往，重則產生濫交、性侵等犯罪行為。前述文章提及腦部所散發的多巴氨影響情緒，而刺激產生令人愉悅的多巴氨不僅是「物質」，更多的是「行為」，如：看電影、運動、遊戲、受人讚美……等，有時「偷窺」也會產生「愉悅感」。觀看色情網站的初期，就是這樣產生致命的吸引力。錯誤的行為模式（如：網路遊戲、色情、賭博、購物狂、工作狂等）一旦成癮，往往比物質類的上癮還要難戒，家長必須在尚未成癮之前處理。本章著重在青少年容易成癮以及常見的兩大類：電玩遊戲與色情網站。

網路迷惘

大多數電玩遊戲成癮的地方多在都會地區，其原因是因為都會網路系統較發達，另一個原因就是都會地區孩子比較缺乏戶外活動空間，如果又是雙薪或少子化家庭，孩子比較容易沉溺於電動遊戲。如果你問家長，你的孩子上了哪一種「癮」？絕大多數的答案會是「電腦」或「網路」。事實上大部分熱衷於電腦遊戲的青少年並沒有到達「上癮」的程度，只能說是「迷惘」，所謂「迷惘」就是網路世界太迷人了，青少年暫時迷失在網路世界中，但是在「關鍵時期」如：學校考試、父母管制、更吸引人的活動……，還是會停止滑鼠的挪動，回到真實世界，因此只能說「迷惘」，而不是「成癮」。家長不要太過擔心。

釐清定義：是否真的上癮？

當我們面對青少年有吸毒的可能時，一定要「過度反應」，但在網路遊戲時卻不能如此，恰恰相反，**「不要過度反應」**，不要太緊張。因為你不能禁止孩子接觸電腦，除非你孤立於社會，搬到沒有電腦或網路的環境。避免成癮的關鍵在於「瞭解」及「控制」。孩子有可能沒有到達上癮階段，只是消遣或抒解壓力。許多成績很好、品行不錯的孩子也在玩「線上遊戲」，這要看他玩的是哪一種線上遊戲？和誰玩？玩得時間有多久？有沒有「上癮」？

首先，家長要小心判斷是否達到「上癮」的地步，如：是否失去生活功能？產生依賴性？才確認是否上癮。筆者認識一位家長，家中青少年的孩子喜愛打電動，但是學校成績很好，各方面也都不錯，只是孩子在打電動時不願和父親溝通（這也是青春期孩子的常態），而這位父親個性剛烈，居然將孩子強制（美國法令允許父母有權將十七歲以下子女強制送離）在半夜送到專門收管問題青少年的寄宿學校，而這位師長眼中的好學生，從此更加暴烈，造成無法挽回的局面。家長「過度反應」的結果，最後受傷的是孩子。因此判斷「是否對電動遊戲上癮？」要非常謹慎。若是一味地禁止，不但影響親子感情，也容易讓孩子在家以外的地方玩，如：網咖或朋友家，這樣更危險。

據統計，有百分之八十的青少年一定會在一天當中的某個時間上網，大多數的人會上網找資料、找朋友聊天、下載歌曲等，網際網路是很棒、很方便的資源、溝通工具，但是一不小心「網路」有可能成為控制青少年的工具。有百分之四十的青少年表示曾經看過色情網站，色情網頁無預警的出現，讓青少年毫無防備而上癮，特別是男生。據統計，中學生女生的成績普遍優於男生，其中最重要的因素就是女生比較少打電動遊戲。有些父母只是一味地禁止，而不去瞭解或有效控制，導致有些孩子轉向不當的「網咖」場所，遇見複雜的份子，會更危險。

父母首先要衡量是否真的上癮？其衡量上癮的標準：

1. 是否產生「依賴性」？當孩子沒有在玩時，會有什麼樣的生理或心理症狀？如：手抖、暴躁、來回走動，甚至發抖、打顫、亂罵……如果沒有，表示孩子「尚未」成癮，只要適當及早限制，即可幫助孩子。

2. 是否喪失生活行動能力？孩子是否成績一落千丈？是否因此不去上學？是否不吃不睡不動？成年人如果因此不上班、不照顧孩子，如果答案是「是」，那麼表示他上癮了，必須進入「斷戒治療」。

為何青少年容易對網路遊戲上癮？

一、影像的刺激

有位出版界的朋友向我抱怨，現代人都不看書，轉向不用動腦的網路世界。「閱讀」的好處是可以讓人有思考的空間，而網際網路，特別是「遊戲」，加入了許多炫麗的影像，有些添加了許多劇情與競賽，讓人無法釋手。就像毒品上癮模式一樣，透過視覺、聽覺，產生更多的「多巴氨」令人愉悅或興奮，以致廢寢忘食。在父母成長的經驗中其實並沒有「線上遊戲」這一項，以致不知如何處理。

筆者認識一位對電視上癮的病患，每天一回家，手裡一定拿著遙控器，無論吃飯、上廁所、睡覺，家裡任何地方：客廳、餐廳、臥室、浴室……到處都有電視，目光永遠停留在電視上，直到睡著為止。後來尋求心理醫生的幫助才戒掉。可見電視、電玩遊戲，還有色情網路、影片，都是透過影像，讓人產生迷戀進而上癮。

二、家庭結構

現代家庭結構的改變，家中獨子獨女的不在少數。會對網際網路迷戀的青少年大都是沒有兄弟或姊妹，他們害怕孤單與寂寞，但是又不善於與人相處，網路提供一個可以自由自在交友的園地。在虛擬的環境中，可以與一大群隱形人互動，除去孤單感，將青少年推向對網際網路不健康的依賴。

三、神秘感

人性本來就存有對未知事物的好奇感，而網際網路讓你不用出門即可探索禁忌的知識。青少年以匿名登入網站，並做一些父母不許可或沒人知道的事。你也可以在電玩遊戲中與不認識的人「並肩作戰，奮勇殺敵」。特別是匿名上網，成為一種包裝，將自我隱藏起來，或者可以滿足「偷窺」的慾望，這種「別人不知道，只有我知道」的誘惑，很容易將青少年推向有害的網路活動中。

四、色情

網路的可怕不是在於你可以透過它來認識世界，而是有可能將世界的污穢、罪惡帶進家中。特別是正在發育的青少年，很難拒絕色情的誘惑。色情影片可以隨時上網觀看，很容易取得。許多「性上癮」的成年人，都是在青少年時觀看色情網路埋下的因子，造成將來許多傷害。父母可詢問網路業者是否可加裝監控過濾器，防止青少年進入色情網站。

家長必須明白，所謂「上癮」的定義是「一個人無法控制對某件事物的慾望或依賴」。當人上癮時，其內在的驅動是非常強烈的。坦白說不僅青少年，許多成年人也沉溺在網路世界中，許多生活層面都被網路所控制著，所謂「低頭族」就是一例。

青少年時期沉溺於網路遊戲中若無節制，到了成年時情況更糟糕。在台灣、在日本，不約而同刊登類似的新聞，描述沉溺在網咖的母親竟然以紅茶餵食剛出生的嬰兒，以致嬰兒餓死。還有一些年輕父母，因為沉溺線上遊戲完全不管孩子，交給祖父母照顧，產生許多問題。因此千萬不要等到孩子成年了，再去處理網路上癮，都已經太遲了。

筆者孩子同學的父親，就是在成為父親之後才開始沉迷於網路世界中，竟然可以為了上網丟掉工作、放棄孩子的扶養，人生跌入谷底而無法自拔。而青少年由於還仰賴父母的生活供應，父母擁有更多的機會幫助孩子控制自我，學習如何節制不沉迷網路。

網路遊戲的真相、危險性及改善方法

每一種電腦遊戲都有一個共同的特徵，就是在現實生活中根本做不到的，如：殺人、格鬥、戰爭、角色扮演、統治……等，在網路遊戲中卻可輕易完成，而且不用負任何法律、道德責任。這樣的理念與聖經中標榜「世人皆犯了罪」有關，絕大部分的人在潛意識中，都有犯罪的動機，只是受道德、社會的規範，犯罪行為不會發生在真實的生活中，而電動遊戲恰巧可以提供人類擁有「罪性」但沒有產生「罪行」的環境。

在網路遊戲的虛擬世界中，犯了再嚴重的罪卻不用接受懲罰，但令人擔心的是，青少年很容易將虛擬世界的一部分帶入真實生活中，如：越來越多線上遊戲中的逞兇鬥毆、格鬥、飆車，卻發生在青少年的真實世界。不可否認市面上有許多容易讓人上癮，並且傷害青少年的人格及腦部的遊戲。

許多網路遊戲的畫面之淫穢、暴力、血腥、仇恨，令人不寒而慄。根據統計，排行榜上暢銷的電玩商品有三分之一是含有暴力內容的，因此必須瞭解孩子玩什麼線上遊戲。網路不能一概否認是「不好的」，「線上遊戲」也無法認定一定是暴力的，平時在「上什麼網站」遠比「嚴格禁止」重要。家長必須注意你的孩子在迷戀哪一種電玩？現代父母無法全面禁止孩子打電動，但有責任幫他們過濾。

網路上癮者，有些地方與毒品上癮有著一樣的症狀：否認、神秘、暴躁、沒有動力，最後退出學校或家庭。網路上癮與其他藥品上癮者不同，他們並不是出於「選擇」，藥物上癮者可能只是「試試看」就會上癮，而電玩遊戲是不自覺地「逐漸」落入上癮。會進入「上癮階段」一定會經過「一段時間」，沉迷時間過久自然會上癮，這與一般毒癮是不一樣的。因此家長想要讓孩子不會對電玩上癮，必須堅持玩電動的「時間」而不是完全禁止，從控制上網的時間，也讓孩子學會如何自我控制。不要等到了成年人或孩子進入大學，無法自我控制，沒有家長監控一發不可收拾。

筆者將網路遊戲分「群體型態」與「個體型態」，前者在網路線上與一群陌生人或熟識的朋友一起玩，有時高達十位角色一起在線上玩互動遊戲。好像老人家打麻將，不能「三缺一」，不能隨時退下。線上與人互動的遊戲比較耗時，而且不容易「下線」，他們必須在可以上網的環境中才能進行，這也是當家中沒有網路時，孩子會上網咖或朋友家尋找玩家一起進入遊戲的原因，這種遊戲的型態容易讓青少年進入上癮。

這類線上遊戲的特點是必須不斷地晉升，才會越來越好玩，並且贏得「網路寶物」。這種競爭遊戲吸引力較強，許多沉溺在電玩中，導致生活無法自理的上癮者，都是這種「網上群體遊戲」。家長只要控制上網時間，讓孩子事先知道何時該離線，孩子可事先安排，並照會在線上的玩家。另一種是「個體型態」，就是自己買遊戲，和自己競賽，優點是比較不會「無法脫身」，隨時可叫暫停，比較不會「停不了」，但缺點是不受上網控制，即使家長限制網路時間，這種個體型態的遊戲，孩子還是可以在沒有網路時繼續遊戲。

◆危險性

長期毫無節制地沉溺在網路電動遊戲中，容易在性格上受傷害。由於必須專注在電腦前，十分耗時，以致失去生活功能，如：不去上學、上班，不盡責任，失去生活技能，甚至無法與人溝通。亦會造成視覺受傷、肝功能失調、肌肉萎縮等等疾病。為了要長期處於亢奮狀態，若在網咖玩遊戲，容易受引誘吸食安非他命或大麻等毒品。長期沉溺也會導致躁鬱症、憂鬱症等精神疾病。

◆改善方法

年齡的不同，改善網路迷惘的方式也不盡相同。若你的孩子已達成年人（二十五歲以上）仍然整天上網，每天上網玩線上遊戲超過十個鐘頭，沒有工作也無學校，整天無所事事，卻仍需要你的扶養，就必須採取斷然措施，不再給予經濟援助及有條件的生活供應，幫助他獨立。但你的孩子若在青少年時期，請參考以下步驟與方法：

1.共同約定上網時間：在孩子尚未因為網路遊戲而產生上癮現象之前，約定每天上網時數是比較有效的方法。但是孩子有可能在半夜偷偷上網，筆者的建議是將電腦放在家中公共區域如：客、餐廳或書房，或電腦的所在位置沒有門。你可以告訴孩子，電腦是大家的（當然也是你出錢買的），孩子可以玩，但必須有限度。你可以和孩子談條件，共同訂出上網的時間。

2. 訂出遊戲規則：若孩子覺得上網時間很難約定，你也可以選擇「方案」如：考試成績的標準、功課完成檢查後才能上網、看書時間與上網時間必須相等、做完家事才能上網、先整理房間等等，具體的行動方案，孩子必須達到目標才可以上網，以培養青少年的責任感。

3. 電腦放置家中公共空間：盡可能將電腦放在你可以看到的地方，而不是孩子的臥室，如：客廳、餐廳、書房……等開放式的空間。家中若沒有適當的地方，孩子使用電腦時不能將房門關上。若孩子有異議，禮貌地請他思考：「誰出錢買電腦？」、「房子是誰的？」、「誰決定家電、家具放的位置？」

4. 暫停電力或網路供應：如果孩子不遵守共同約定，你可以在固定時間切斷電力或與網路公司洽談上網時間，但事先要告知孩子，給孩子一定的時間改善。

5. 控制零用錢：為避免孩子到網咖或到別人家上網，這樣比在家中還危險。但是你可以控制零用錢，網咖是要付費的，同學家常去也不方便。家長最好避免孩子到網咖，萬一不能禁止，也要瞭解孩子所去的是哪一家網咖店？去的時間多久？能隨時察看，以避免孩子進入提供毒品的網咖。

6.請輔導介入：以上方案均無法實行時，並且孩子已經有上癮的現象，成績大幅退步、手抖、精神萎靡、雙眼發紅等，成績一落千丈、不吃飯、不睡覺，必須長時間上網，無法停止上網遊戲，甚至逃學，家長必須請輔導介入，輔導可能是學校老師、家中長輩、警察等等，但孩子比較敬畏的人介入輔導。

孩子沉溺於網路遊戲，剛開始是因為無聊，逐漸沉溺或上癮。如果能在一開始即定下規定，是比較妥當的做法，若孩子已經上癮，那麼必許認清「任何干預行動必定會帶來衝突」。在青少年時期制訂上網遊戲的規定，好處就是讓孩子學習控制線上遊戲的時間，孩子懂得如何「下線」，將來進入大學或成人比較不容易沉溺。

不要隨著孩子的情緒起舞，態度必須堅定，但不可動怒或暴力相向。先取得雙方的共識，再付諸行動，決定後就必須堅持到底。剛開始孩子會暴跳如雷，但時間久了，家長堅持下去，孩子自然會慢慢適應新的規定。同時家長也要安排其他課外活動，或令孩子覺得有趣的學習，如：烹飪、棋藝、吉他、運動……等與學校課業不相關的學習，讓孩子樂意轉換，並填補孩子空虛的心靈。

網路遊戲的輔導技巧

一、適當地參與孩子的電腦遊戲

一方面讓孩子不會產生對立感，也可以瞭解遊戲的內容是否不妥。例如：「這個遊戲很難玩嗎？」、「怎樣才算過關？」、「敵人在哪裡？」、「你的角色是誰？」、「可以教我玩嗎？」等問題，孩子會很興奮地告訴你，覺得你和他是一國的。

當然這並不表示你同意他玩遊戲，許多家長會認為這是「放任」或「妥協」，其實不然，你可以提出你的意見，如：「這樣的遊戲不值的花太多時間」、

「這遊戲果然很吸引人，要小心不要上癮」等，這樣的溝通方式有個好處，讓孩子認為「你瞭解」。許多孩子不聽父母的忠告，是因為他們覺得父母不瞭解就批評，如果孩子感受到父母想要瞭解他們，比較容易接受勸告。

二、提供選擇方案

如果孩子還是沉迷於線上遊戲無法自拔，此時「說教」沒有用的，必須採取「提供行動方案」。首先要提出讓他選擇的行動方案，如：「你可以玩線上遊戲，但是不能將門關上」、「你可以玩電腦遊戲，但是成績必須達到八十分以上，並且不能退步」、「你可以玩，但是必須在十點以前結束」等等。

這樣的好處是可以將責任釐清：不是你不讓他玩，而是他自己造成的結果。如果孩子置之不理，你可以事先警告，因為孩子沒有做到（關門不讓父母進入或成績退步）的結果，必須要將網路暫停或將電源拔掉，這個結果是孩子造成的，因為他沒有守信用、遵守共同約定。而父母要真的要做到。

給家長的叮嚀

筆者輔導網路迷惘的家庭，發現許多父母不敢這樣做，害怕孩子發怒，他們的反應是「孩子會鬧革命的」。其實父母要表明不是完全禁止，而是孩子要付出「代價」，並且有「限制」。父母要認知「憤怒」是青少年很普遍的情緒，父母不要隨之起舞，等他們冷靜時再處理，若他們說髒話，要表明髒話讓你不舒服，必須加以禁止。但如果孩子遵行遊戲規則，父母也要接受，表示他有自制能力。青少年會對網路遊戲上癮是「耗費時間過長」引起的。青少年能夠自我控制遊戲時間，比較不容易上癮，父母不需要一味禁止。

毒品父母一定要絕對禁止，不能開放任何有可能吸毒的空間，但是對於網路遊戲父母無法一味禁止，只能限制或管制，避免上癮。有時（不要太頻繁）父母不妨與孩子坐在電腦桌前，觀看孩子作戰，再拍拍孩子的肩膀，對他說：「不要打太久，要節制。」若是孩子相應不理，不願接受「條件」，再採取比較強烈的手段如：限電、關閉網路等等措施。若孩子因為打電動而不上學，就要強烈干預，請「第三者」出面勸誡。

案例

大元從國中開始就接觸線上遊戲，起初還好，會有節制，但隨著玩電動的「功力」越來越深厚，到了高中，竟然趁著家人睡著，偷偷在半夜起床玩到清晨。為了擔心第二天無法上課，聽朋友的建議，開始食用安非他命，毒品加上電玩，身體越來越虛弱，成績也一落千丈。忙著做生意的父母這才發現，於是採取斷電、斷網路措施，大元簡直氣瘋了，一氣之下離家出走，投奔到供應安非他命的學長家。

網路遊戲到了成癮階段是非常嚴重的事，不容易治癒。家長在孩子一開始接觸電玩時，就必須加以限制，如：上網時間、電玩內容、打電動時不能關門等規定，最好和孩子一同擬定，並注意交友狀況。會沉迷於線上遊戲的人，大都是孤單、寂寞的人，父母要盡可能陪伴，特別是讓孩子學習運動或多參加戶外活動，比較不容易對線上遊戲成癮。若發現孩子沉迷電玩，而導致退學或不去上課，先尋求學校老師或社工人員的協助，以限制時間開始，若不聽勸告，再斷電、斷網路，同時也要注意孩子交友及精神狀況，最後若真的成癮無法上學或生活，甚至吸食提神毒品，就要安排隔離，進入戒癮中心。

色情網站的陷阱

青少年時期透過「色情」來學習兩性關係，是非常危險的。幾乎所有的高中生或多或少都有機會接觸「色情」書刊或圖片。對青少年而言，要分辨是「健康性教育」或是「病態色情」有時會比較困難。許多青少年藉著色情網站或書刊來接觸「錯誤的性教育」，扭曲他們對性的認識，對孩子將來人格發展特別是兩性關係，有不良的影響。即使成人時期加以矯正，但潛意識對兩性的誤解及扭曲，影響非常巨大。

案例

蔡院長平時樂善好施，由於工作與專業的成就，常常被邀請到各大專院校、教會演講，頗受歡迎。有一天突然被女秘書控告性侵，並且罪證確鑿，被告到法院，眾人譁然。蔡院長坦承因為在青少年就開始接觸色情刊物，甚至在演講空檔還偷看色情網站，因為職業與社會地位的緣故，不敢向任何人坦承、尋求幫助，甚至連妻子都蒙在鼓裡，以致後來無法控制自己的性慾，竟然在辦公室性侵女秘書。

許多成年人會犯下性侵案件，都是因為在青少年時接觸色情刊物或網站，對兩性關係產生扭曲的概念，導致性犯罪。而社會地位高、形象佳及必須面對群眾者，如：教師、牧師、公眾人物等，一旦成癮很難戒除，因為無法做到戒癮的第一步：「面對真實」。他們通常因為面子的緣故，不願求助專業，以致問題越來越嚴重。當色情入侵我們孩子的生活，若到達成癮境界，不盡早治療，到了成年人更加困難，嚴重者有機會成為性犯罪。

隨著時代的演變，色情網站中的畫面越來越病態、暴力、低級。有些父母收到大筆色情電話或色情網站帳單，才知道家中的孩子已經上癮了。許多色情網站為了吸引更多的族群觀看，剛開始時都是免費的，等消費者上勾了，再收取大筆費用。在青少年或兒童時期觀看色情網站容易導致性癮、戀童症、同性戀、雜交、毒品等。許多成年人有外遇癮，經常是因為在青少年時期迷戀色情網站而引起的。但比較困難的是，許多色情網站防不勝防，許多時候只要一上網，色情畫面就會跟著出現，青少年或許因為好奇而點閱，其上癮過程有些像吸毒，剛開始出於好奇、無法拒絕，在沒有防備下很容易上勾。

比較嚴重的是當人真正對「色情」上癮時，根本無法控制他強迫性的性行為及思想。換言之，長期沉溺在色情刊物或網站，精神會進入恍惚階段，心思意念被色情畫面佔據，成績大退步，嚴重者進而採取行動，如：自慰、買春、不斷換性伴侶，甚至對他人性侵。筆者曾經接觸過一個個案，一個被領養的高中女生，或許因為自卑，而從高一開始認為自己有了性癮，將「性」與「愛」化成等號，不斷地換性伴侶並長期觀看色情網站，沉溺其中無法解脫，後來演變成精神分裂，屢次想要自殺。許多與性侵相關的社會案件中，色情網站或刊物是很重要的導火線。

孩子成長的過程中，第一個學習兩性關係的對象，就是自己的父母。據統計，父母婚姻關係良好者，其子女大多沒有性別誤認、性錯亂……等問題。相反的，如果父母經常彼此暴力相向、怒罵對方，單親家庭若缺乏兩性教導與學習，孩子容易產生不正確的兩性觀念，加上青少年時期沉溺色情網站或刊物，那就更加危險。父母給孩子的最好禮物其實就是「彼此相愛」。

杜絕色情的輔導技巧

如果是男生發生對色情網路上癮，剛開始最好由父親或同性長輩勸誡。青少年因為生理已經達到成年人的狀態，只是心理、個性、頭腦還只是個孩子，無法擔負起成立家庭的責任。當孩子被發現流連色情網站，剛開始出於「好奇」，其實是非常羞愧的；他們不願讓人知道，如果隱藏地很好，父母不知道，會繼續沉溺。很幸運的被父母發現，父母不要動怒或大聲嚷嚷，會讓孩子更加羞愧，引起不必要的意外。如果只是停留在瀏覽色情網站或看色情刊物的「好奇階段」，父母要立刻溫柔地制止（不是發脾氣），可以試著這麼說：「我知道你是不小心看到的，最好不要觀看，這樣會影響你的思想意念，慢慢戒掉。」剛開始不要太過嚴厲。暗中觀察是否有改善？是否到達上癮階段？

如果青少年很坦承地向父母或輔導承認，千萬不要論斷批評，當孩子與你們談論這方面的事，表示已經減低成癮的可能性，父母要表明：「好高興你將這件事勇敢地告訴我，表示你相信我……」父母應該要常與孩子相處，或鼓勵孩子運動，參加一些活動，讓孩子明白，其實不需要「性」才會得到滿足。不要將焦點放在「性方面的問題」，要轉移孩子的注意力，不要花太多時間與孩子討論「性事」，表明堅定立場即可。也有一些孩子長期觀看色情網站是出於「自卑」，覺得自己無法得到異性的認同，父母要多鼓勵建立他的自信。

如果在一段時間後，青少年仍然被色情所困，甚至花費大筆金錢，除了控制金錢流向外，父母或輔導員應該轉介給其他有能力的專業輔導或心理專家。但必須讓他知道不是因為你不接納他們，而是為了尋求更好的治療。

結語

行為類與藥物類的上癮模式不盡相同。有些青少年一旦接觸毒品，有了對毒品的體驗，很快就會產生依賴感。而行為類上癮模式如：網路、色情、賭博、購物、工作、運動……等則不同，必須長期習慣沉溺，才會產生依賴。因此，控制青少年接觸的「時間」就是父母一大課題。毒品是必須完全禁止接觸，但是上網或無意間接觸到色情，卻無法全面禁止。父母可以運用智慧，如：縮短上網時間、瞭解遊戲內容、提出選擇方案……等辦法，即使孩子暴跳如雷、大發脾氣也不能妥協，在未達上癮現象時加以干預，大部分都可以得到解決。

對行為類上癮的青少年，「夜晚」是比較危險的時間，無論是派對、電玩或色情上網大都是在夜晚，父母最好盡可能在夜晚時陪伴，或安排白天的戶外活動，以消耗青少年的精力，讓孩子早一點休息，並且留意金錢的去向。行為類或情緒類的上癮模式有一個很大的難題就是：「一旦上癮，很難戒掉。」因為無法「斷絕貨源」，糾正「行為上癮模式」要靠上癮者極大的自制力，真實地活出「有神的生命」，並翻轉「生活模式」與「作息習慣」，才能得醫治。

第五章　物質類上癮：毒品認識及防範措施

因為你們的仇敵魔鬼，

如同吼叫的獅子，遍地遊行，

尋找可吞吃的人。

——〈彼得前書〉(伯多祿前書)

當今社會最大的挑戰就是青少年濫用毒品及酗酒問題，不僅對家庭造成傷害，也危害整個社會。其中有許多青少年因為酗酒及毒品而喪失了年輕寶貴的生命。家長對毒品的認識不清加上一時疏忽，以致青少年在上癮初期階段沒有即時接受幫助及治療，錯失了時機。

根據全美的一份報告指出，青少年服用藥物的數字是十分驚人的：酒精百分之九十三，大麻百分之四十五，吸入劑百分之十四，迷幻藥百分之十五，興奮劑（安非他命）百分之二十七，鎮定及安眠藥百分之十四，古柯鹼百分之十六，海洛因百分之十。美國每年有三十萬人吸食海洛因成癮，九百萬人酗酒。

在美國，每年有一萬三千多位新生嬰兒一出生即有毒癮斷戒症狀，因為孕婦在懷孕期間服有含有鴉片成分的止痛藥，十年間增長五倍以上。亞洲地區的安非他命過去兩年增長了四倍。在台灣吸食安非他命的青少年倍數增長，其最大的原因是安非他命已經蔓延在校園中。而對毒品相對陌生的卻是青少年的家長，因為毒品產量實在太快，基本上毒品可分四大類[1]：

1 《伴青少年度過掙扎期》，賴斯・派瑞著、橄欖出版社。

1. 鎮定類：目的在減緩神經系統的活動，其中包括酒精及一般吸入劑（強力膠、去光水、清潔劑……）；所有鎮定劑除了PCP（Phencyclidine，俗稱天使丸）之外，在市面上都買得到。

2. 興奮類：帶來更刺激的感覺，合法的如咖啡、香菸，非法的如安非他命、古柯鹼。

3. 迷幻類：能扭曲心智，服用後產生幻覺，如：大麻、搖頭丸、神仙水、毒魔菇、LSD等，所有迷幻藥都是非法的。

4. 麻醉類：有止痛的效果，讓人深深地沉醉在其中。如嗎啡、鴉片、海洛因、可待因等。

不同類的使用者會有不同的需求，如：吸食安非他命使用者，容易晉升使用古柯鹼，它們都是讓人興奮的毒品。而吸食大麻的人，也常常使用搖頭丸、毒蘑菇或轉入海洛因。不同種類的毒品，吸食後的反應不盡相同，如：安非他命吸食後會很興奮、很暴躁，經常會產生幻聽幻覺，如果你聽到毒癮患者說「有人追殺我」、「我聽到耳邊有聲音」、「魔鬼向我說話」等，八成是興奮類毒品的吸食者。而海洛因吸食後走路會不穩，神智不清，在街上漫遊或與你說話時忽然睡不起，與興奮類毒品的反應恰恰相反。

家長要先瞭解各種毒品的吸食後反應，弄清楚上癮者是吸食哪一類的毒品，才能幫助孩子。興奮類及迷幻類的毒品如：安非他命、K他命，即使在戒掉後，也仍然會有精神方面的疾病，有時要求助於精神科醫師。比較難以防範的是酒類，在青少年派對中最常見的就是酒類，但危險的是，酗酒常常是毒品的媒介，派對吸引青少年是因為瘋狂、非理性地玩樂，伴隨酒精而來的可能就是安非他命、古柯鹼或大麻。

有一位白人母親告訴我，他兒子因為吸食過量的海洛因，導致成為終身癱瘓的植物人。當她為兒子收拾房間時，赫然發現一捆針頭，才知道兒子吸毒有多麼嚴重。之前因為尊重孩子的隱私權，不敢進房間搜索，加上她的兒子還有工作（她並不知道使用毒品還可以同時工作，當然這份工作也不會長久的），以致她疏忽了兒子吸毒的徵兆。還有一位家長，經常在孩子車上發現許多「錫箔紙」，還以為孩子和同學去烤肉，後來才知道是海洛因吸食器。

許多家長誤以為吸毒者無法工作，其實不然，許多正常工作的人也會吸毒，這些工作大都屬於勞力類的，不需要使用腦力，他們努力工作賺錢就是為了吸毒。筆者認識一位在速食店打工的年輕人，每兩、三個鐘頭就必須「補一針」安非他命，直到被開除為止。由於吸食量會越來越大，當正常工作賺來的錢無法滿足毒品的量就會鋌而走險，以搶、偷、販毒等等不法手段取得毒品。唯一例外的是酗酒，酗酒的人無法正常工作與生活。但是可以確認的是，沾染毒品的孩子是無法完成學業的，凡是必須使用腦力的工作，吸毒的人是無法勝任的。

這些都是因為家長對毒品的認知不夠，輕忽毒品的吸引力，而造成無法挽救的傷害。筆者曾經在一個網站（www.drugfree.org）其中有個悼念專欄，專門刊登悼念因藥物或酒精喪失生命的親人的文章，每當我閱讀這些文章時，總會讓我掉淚。發現在二十五歲前因吸食毒品過世的佔百分之八十。青少年因為一時的好奇或受引誘而失去生命，多麼令人難過，每年因為嗑藥、酗酒而喪失寶貴生命的青少年更是不計其數，有人戒掉而幸運存活下來，但有更多的孩子選擇默默地離開人世。

筆者認識的一位牧師，臨時被找去主持一位年輕人的葬禮，他說這是他所主持過最痛心的葬禮，因為死者才二十五歲，父親在台灣當醫生，家住天母，兒子念的是美國名校，原本應該有美好的前程，但卻結交一位吸毒的女友，不幸吸食過量的海洛因而喪生。從台灣趕來的父親不是參加兒子的畢業典禮，而是葬禮。父親在葬禮中嚎啕大哭，令人十分不捨，也給這位牧師極大的震撼，當下立刻邀請筆者到該教會開設「青少年戒癮講座」。若是家長能早一點對毒品多認識一些，多保持警覺性，或許可以攔阻悲劇的發生。

市面上毒品的種類繁多，其中有不少隨手可得。有些毒品不斷地「升級」研發，可說是千奇百怪，什麼樣的東西都可以拿來變成毒品，任何東西都可拿來作為吸毒工具。許多毒品因為沒有斷戒的痛苦，或不會因為食用過量而死亡，如大麻，就被青少年誤認為「不會上癮」，其實只要會帶來「愉悅感覺」的毒品，都會讓青少年產生依賴而成癮。

現就青少年比較常見、容易上癮的毒品及使用後的反應，簡單介紹於後：

酗酒

生活中充滿許多「合法的毒品」，如：各種吸入劑，香菸，以及目前危害最嚴重的酒類。酗酒造成酒駕車禍的悲劇多不勝數，酗酒更會破壞家庭、無法正常工作，青少年酗酒更容易帶來毒品的使用。許多青少年的狂歡派對少不了的就是「酒」，在酒精的催化下，伴隨而來的就是「毒品」，其中以安非他命與古柯鹼最為普遍。

在美國，百分九十三的青少年酗酒問題，就是因為法律規定滿十八歲（在腦部發展尚未完成之前）就可以合法購買酒類產品。酒精對青少年的腦部發展有著嚴重的傷害，讓他們容易上癮。「酗酒」是最難戒掉、影響生活最厲害的毒品，也是復發率最高的一種合法「毒品」。有人戒了又戒，一生在「酗酒」與「戒酒」中打滾，從年輕到中年，最後被家人及社會唾棄，也許就此離開人世。據統計，多次進出戒毒中心的患者，以酒類為最高。吸食其他毒品或許可以隱藏，但是酒癮一旦上身，會干擾其他人的生活，甚至生命（如酒駕），許多年輕人因為酗酒而導致吸食其他可以興奮的危險毒品如：安非他命、古柯鹼等等。酗酒難戒是因為「合法」、「容易買到」。年滿十八歲的青少年很容易成為酗酒者，一旦上癮，即使到了成年人都難以脫身。

但是為什麼有一些年輕人會對酒精上癮，而有一些人則不會？是因為個人「體質不同」，也有可能因為遺傳，許多案例的父親是酗酒者，兒子成為酒鬼者佔多數。筆者曾經訪問一位有酒癮的年輕人，他告訴我曾有好幾次差一點戒酒成功，但參加一場喜宴，或出國拜訪親友，連喝紅酒都會上癮，只要接觸到嘴唇，就會喝個不停。好不容易戒了一兩年，一次聚餐又「破功」。

很奇怪，那麼多人喝喜酒都不會酗酒，為何獨獨他會上癮？說穿了就是因為「體質」。對酒精容易上癮的人，必須滴酒不沾並且遠離酒吧。簡單說，必須「逃離」有酒的地方，即使喜慶婚宴也要拒絕參加，因為總會有人向你敬酒，特別是華人社會，習慣在喜慶宴會場合勸酒，「勸酒」的習慣對腦部正在發育的年輕人實在不妥。筆者所熟識的一位很有才華又心地善良的廣告設計，卻染上了酒癮，家人、朋友、同事一直想辦法幫助他，給他工作，但每次只要喝酒就無法完成工作，久而久之大家都慢慢放棄了，以致這位設計自暴自棄，走上絕路。這麼一位有才華、帥氣、心地善良的設計師，因為酗酒，在人生最黃金的歲月就離開人世。在戒癮的過程中，許多身旁親友都勸酗酒者不要再喝了，殊不知犯了酒癮的人是無法控制自己不喝酒的，只有長期（至少兩年）隔離治療，並且保持警覺，才有機會戒掉。

在青少年時期就接觸酒類，因為無法控制酒量，比較容易上癮。青少年聚會總會用「酒」來助興，是非常危險的，青少年因為賀爾蒙的關係，對酒類很容易產生興奮感，所謂「借酒壯膽」或「借酒裝瘋」很容易導致犯罪，造成無法挽回的悲劇。「喝酒」對一般人或許不會上癮，但有酒癮的人應該敬而遠之。不要礙於面子而輕易答應喝酒，以免染上酗酒的習慣。

大麻

在美國，許多州提倡「大麻合法化」，這絕對是天大的謊言！它帶來的災難遠超過酒精。百分之九十五的大麻吸食者會進入更嚴重的毒品如：海洛因、古柯鹼等濫用。筆者所謂的謊言是許多人認為：「因為大麻沒有斷戒的痛苦，所以不會上癮。」這真是大錯特錯！

許多年輕人喜歡在宴會中或一起打電動遊戲時吸食大麻，因為大麻會造成幻覺，讓遊戲或視覺色彩更加豐富，但後遺症非常嚴重。也有一些美國的年輕人使用大麻放鬆心情，他們的理由是讓人容易入睡（但是第二天起床卻異常暴躁），甚至美國許多不肖醫生幫青少年濫開處方簽，讓青少年可以合法到藥房購買大麻。還有一些知名人物在年輕時也有吸食大麻，為時下青少年找到理由：「某某人年輕時有吸過大麻，為何我不可以？」

青少年在二十五歲以前腦部尚未修整完全，一旦吸食大麻，容易上癮並且會讓腦部呈停滯發展狀態。使用大麻固然會讓人放鬆，但藥效過後，會產生很深的憂鬱及負面情緒，比較嚴重者會有自殺的傾向。

青少年吸食大麻的理由就是「很酷」，加上大眾傳播的鼓舞、自由派人士鼓吹「大麻不會造成社會問題」，他們的理由如下：

◆沒有妨礙他人（比酒後駕車還安全），為何不能合法化？
◆大麻不會上癮。
◆抽大麻還是可以保持好成績。
◆大麻比香菸還安全，為何不能合法化？

這些都是天大的謊言，理由如下：

◆大麻含有與古柯鹼、海洛因類似的成分，足以破壞腦細胞。
◆長久使用會讓人沒有企圖心及動力完成工作，換言之，抽大麻不會死人，但卻會成為廢人，因為大麻與頹廢是相等的。
◆大麻含有四百多種的不明化學成分，與許多治療精神疾病的藥物產生衝突，一起服用非常危險。同時會帶來癌症的可能。
◆大麻停留在人體內的時間是所有毒品中最長的，即使停止使用二個月，仍然可以在尿液中檢驗出大麻的成分，可見毒性之強。
◆大麻上癮會產生幻覺，以致無法自理生活，吸食大麻經常會昏昏欲睡或產生幻覺。香菸雖然對身體有害，卻不會影響腦部。

◆百分之九十五的大麻吸食者會轉換其他更危險的毒品，如：海洛因、古柯鹼等。

吸食大麻劑量會越來越重，即使沒有轉換海洛因等更可怕的毒品，大麻上癮者也是家庭的一大經濟包袱，他們不會去找工作，即使有工作也不會長久，他們會認為所有人包括：父母、同事、老闆……都是欠他們的。長久吸食大麻會產生人格扭曲如：嫉妒、疑心病、易怒、幻想等現象，嚴重者還會有自殺的傾向。因此，長期吸食大麻的人，其人際關係、情緒控制都非常糟糕。

大麻的特徵

▼危險性：容易引起憂鬱症或躁鬱症。大麻在吸食時飄飄然，但過後會產生很深的憂鬱或暴躁。長期食用嚴重者會產生自殺的行為，使用量會越來越大，必須用更嚴重的毒品如海洛因、古柯鹼、可待因等代替大

麻才能滿足。

▼上癮徵狀：紅眼睛、大舌頭、說話緩慢，有時傻笑，身上會有大麻味，長時間昏睡，吸食大麻後對糖果等甜食特別有好感。

處方藥

任何一種會讓人上癮的藥都是「毒藥」，即使是醫生開的處方藥或在藥房隨手可得的藥品也不例外。不是每一個人都會對處方藥上癮，但是只要能夠讓你上癮，造成「非有不可」的依賴性，都是「毒藥」。所造成的傷害比非法毒品還可怕。

最著名的例子就是麥可傑克遜，因為多年前拍攝百事可樂廣告時，不慎引起火災燒傷了皮膚，必須長期靠藥物來止痛，加上工作的壓力要靠藥物才能睡眠，長年使用止痛藥、安眠藥的結果造成上癮，並且依賴藥物，使用劑量越來越重。後來因為醫生的疏忽，導致用量過大而喪失寶貴生命，引起全球樂迷廣大的注目。坊間許多解憂劑、止痛藥及治療精神疾病的藥物都含有與鴉片相同的成分，使用前必須與醫生充分溝通，並且小心避免成癮。

我有一位很要好的朋友，她的兒子是一位有才華又非常優秀的基督徒，在美國著名大學畢業後即找到一份還不錯的工作，因為面臨婚姻及工作壓力，加上個性不愛求助於人，導致罹患憂鬱症，在友人建議下去看心理醫生。沒想到醫生給他大量處方藥，因為一時不慎食用過量，在二十六歲結婚前過世，讓家人與朋友活在無盡的悲痛與悔恨之中。

在美國有不少不肖醫師濫開成癮藥物的處方簽，導致許多年輕人喪命或成癮。在美國洛杉磯的一位華裔醫師，由於濫開止痛劑、成癮藥物，甚至大麻，一年開出十幾萬張處方簽，導致三位年輕人死亡，而被狀告到法院，判處過失殺人的重刑。

筆者輔導的一個個案，因為高中時期是摔跤選手，造成肌肉酸疼，必須服用止痛藥，服用時間久了就產生依賴性，用量越來越大，後來進入了大學，染上吸食大麻，雪上加霜。以致課業嚴重落後，後來休學在家整天無所事事，服用更多的止痛藥及鎮定劑加上大麻，自認為可以治療他的煩躁與不耐，脾氣變得越來越暴躁而神經緊張。記得當我第一次見他時，手上戴了五支手錶。他與我爭辯是醫生的處方藥，沒有問題。後來經過我一段時間的輔導（主要輔導父母），孩子停止服用任何藥品，只運用心理治療後逐漸康復，這時孩子才知道處方藥及大麻的可怕。

容易上癮的處方藥很多，大致可分三類，分別為：

一、止痛劑

可直接從藥房取得，如Codeine、OxyContin（Oxy, O.C.）、Percocet（Percs）、Vicodin（Vike, Vitamin V）。

▼危 險 性：長期服用會引發吸食海洛因、鴉片等更危險的毒品。大量使用可導致呼吸困難，甚至死亡。

▼上癮徵狀：沒有生病卻仍然使用，沒有食慾，長睡不起。

二、解憂劑

常用來治療憂鬱症，如 Mebaral、Quaaludes、Xanax、Valium。青少年使用的原因是可鬆弛緊張，如：考試、約會、被人責罵……所帶來的緊張。

▼危　險　性：減緩大腦的活動，一旦停止使用會帶來更強烈的不安感，與酒精一起使用會導致心臟病發而死亡。

▼上癮徵狀：口齒不清，沒有方向感，缺乏身體與頭腦協調的能力。

三、興奮劑

如 Adderall、Dexedrine、Booze Ritalin，青少年使用的原因是可以幫助集中焦點及注意力。

▼危　險　性：會導致身體發燒，心臟病發，過量會引致死亡。

▼上癮徵狀：沒有食慾，常常不自覺的過度緊張並懷疑別人，隨時處於精力旺盛狀態。

案例

著名的美國流行樂天后惠妮休斯頓在二〇一二年二月十五日於葛萊美獎頒獎前夕猝死，在她所住的飯店查獲了酒及三種處方藥：樂耐平（Lorazepam）、煩寧（Valium）以及贊安諾（Xanax），初步認為是酒精混合這幾種抗憂鬱的藥物一起服用而猝死，後來又在體內驗出古柯鹼、大麻等毒品。

惠妮休斯頓從天后級的地位迅速墜落，其原因就是藥物濫用。她也坦承自二〇〇二年開始多次進出戒毒中心。而這三種藥物也被發現在已故的搖滾樂天王麥可傑克森的房間。

這三種抗憂鬱症的藥物在美國非常普遍，許多精神或心理醫生經常會給病人服用這樣的藥物，但是若病人長期服用對藥物產生依賴性，再加上大麻、酒精，後果不堪設想。而處方藥也常成為引導進入海洛因、鴉片、安非他命等危險毒品的媒介。

筆者認為，雖然是醫生開的處方藥，但是最好配合心理輔導或物理治療，同時要視病人的狀況而決定是否長期使用。求診精神科醫生必須要充分溝通，華人習慣於「遵從醫生指示服用」，但如果服用精神科的藥物，要隨時與醫生溝通食用後的反應，以避免對藥物成癮。能配搭非藥物的治療如：一對一的心理治療或團體治療是比較妥當的方式。

搖頭丸

迷幻藥的一種，又稱為「天使丸」或「神仙丸」，近年來十分風行的「毒魔菇」也是屬於這類的毒品。大多在青少年的派對中使用，社交俱樂部或舞會等等熱鬧的青少年場所，容易讓人產生忘我，持續不斷地跳舞、玩樂。因此許多不良場所會主動提供這類的迷幻藥給青少年，使用後會產生忘我、極其快樂的境界，並極其渴望別人觸摸自己的身體，因此又被稱做「強姦藥丸」。這樣的藥丸對許多沒有自信心的年輕人，特別有吸引力。

搖頭丸的特徵

▼**危　險　性**：迷幻藥被證明會破壞記憶體，長期使用會導致記憶力「停格」或「衰退」，甚至導致肌肉擊穿和腎、肝、心血管衰竭而死亡。

▼**上癮徵狀**：非自願牙咬、噁心、視力模糊、發冷和出汗的禁忌。失眠、焦慮和抑鬱。

▼**外　　觀**：色彩鮮豔的小藥丸，刻有各種圖案，像糖果，有些不法商人以糖果紙包裝，在青少年派對發放或放入飲料中。若孩子有不正常的作息，夜晚未歸，並且舉止奇怪，可以偷偷檢查書包是否有這類的藥丸。

安非他命

又稱「甲基安非他命」，屬於興奮劑類的毒品。筆者認為是二十一世紀最可怕的毒品。因為價錢最便宜、製造最容易、最難戒掉、對身體的破壞性最強烈。

青少年一旦食用，身、心、靈全面性受害。最近十幾年開始大量風行，因為價位的關係，受害的青少年年齡層最低，筆者曾經在戒毒所授課，發現吸食安非他命的患者，最年輕的才九歲，在小學即開始食用安非他命並且上癮，造成許多傷害，是目前所謂「最流行的毒品」。由於售價比其他毒品低，因此上癮者比較年輕。不法商人為了吸引更多青少年吸食安非他命牟取暴利，製造許多謊言欺騙無知的青少年……。

案例

國強生性老實忠厚，退伍後在父親的工廠上班，因為生意很好，白天趕工忙著出貨，晚上還得和國外聯絡，忙得不可開交，恨不得一天有四十八小時。有一天朋友告訴他有一種「東西」可以讓他三天三夜不睡覺，吃了以後「業績」會很好，特別在趕著出貨時，是非常好的「提神劑」，並且隨時可以停止服用，不會有「副作用」。

國強抱著姑且一試的心情服用，果然「效果」不錯，可以三天三夜不睡覺，但是國強從此離不開這種「東西」，並且身體越來越糟糕，這種「東西」就是可怕的「安非他命」。

還有一些小孩子沉迷於網路電動遊戲，盼望能有一種「仙丹」讓他們在網上「永遠不死」、「稱霸武林」，於是在網咖有人提供這種「仙丹」給他們，這個「仙丹」也是「安非他命」。還有在派對夜店中，提供安非他命來助興，讓參加者更加興奮，做出許多誇張的行徑，藉以吸引顧客上門。在台灣，許多汽車旅館成為群體使用安非他命的地方，許多性派對還拿安非他命助性，不但染上性病，還染上毒癮。還有無知的青少年誤認安非他命可以幫助減肥，結果不但染上毒癮，外貌還會變醜、變老。

為什麼安非他命成為最流行的毒品？最大的原因就是「利潤」。無須進口，只要一些化學劑和簡單的製毒工具，在家就可製作。模仿直銷網大量在校園推行。小小年紀就成為「毒蟲」，還成為「毒販」，據台灣警政署統計，在校園販毒的學生最近兩年來以每年百分之五十的驚人數字成長。是目前在校園最「暢銷」

的毒品。許多學生自己吸食，還「推銷」給同學，賺取吸毒的費用。學生只要花少量的錢就可以達到「興奮」的境界。你說是不是最可怕的毒品？

安非他的特徵

▼**危險性**：可能會導致使用者古怪、暴力行為。影響包括食欲不振、干擾睡眠、情緒不穩、震顫和抽搐、增加血壓、心率不整。長期使用可能會焦慮、妄想症、失眠症、殺人或自殺的想法。孕婦使用導致早產或出生缺陷，包括心臟缺陷和齶裂。造成腦部損傷（類似帕金森病或老人痴呆症）昏迷或死亡。長期使用症狀包括體重下降、蛀牙和裂嘴（俗稱「甲基嘴」），精神病和幻覺，皮膚出現櫛痂、潰爛，膀胱功能永久失調。

▼**上癮徵狀**：興奮、紅眼、外觀出現櫛枷，舉止怪異，疑神疑鬼，經常聽見耳語或看見奇怪的影像。脾氣十分暴躁，可以長時間不睡覺。

▼**外觀**：透明水晶顆粒，通常以包裝分散。

古柯鹼

從古柯植物的葉子中提取的藥物。是一種烈性腦的興奮劑和最易上癮的藥物之一。它讓青少年上癮的原因是因為可以提供一種快樂幸福的興奮感。與安非他命一樣都是屬於令人興奮的毒品，常使用於青少年舞會等場所，經常與酒類一起使用。使用時不會感到疲倦，頭腦特別清晰，思緒敏捷，彷彿自己是全世界最聰明、最有權力的人。但是這種快感的效果是非常短暫的，大概只能維持十五～三十分鐘，隨後就會面臨煩躁、焦慮的情緒。因此青少年為了獲得這短暫的快感，使用次數與用量會越來越大，腦波轉速極快，是一般正常的好幾十倍，傷害頭腦極其嚴重。

古柯鹼的特徵

▼**危 險 性：**短期服用會造成心率不整、高血壓、失眠、食慾不振，煩躁、焦慮、憂鬱症狀……，長期大量使用會導致觸發妄想症，會產生恐怖

的攻擊性的行為。當上癮者停止使用時，他們會感到非常沮喪，甚至瘋狂。長時間吸食會導致鼻黏膜潰瘍。

▼**上癮徵狀：**鼻子經常出血、神經緊張、精力極度充沛。

▼**外　觀：**白色粉末狀，分為小包裝。

▼**吸食方法：**直接以管子吸入鼻孔，或參入香菸食用。

海洛因

海洛因源自嗎啡，從鴉片罌粟提煉令人上癮藥物。影響大腦的愉悅系統和干擾大腦感知疼痛的能力，也就是當人服用海洛因時，即使遭受外在攻擊也不會有任何疼痛感，因此不少海洛因的吸食者在開始食用時，是為了逃避生活中無法負荷的壓力，用海洛因暫時麻醉自己。曾經聽過一位戒毒多年的人士說，海洛因是「毒王」，因為上癮性最強，它可以讓人產生極度的愉悅感，如果想要戒掉，是所有毒品中斷戒最痛苦的，許多人無法戒掉海洛因，就是因為斷戒太痛苦、吸食太愉悅了！想要斷戒海洛因必須忍受上吐下瀉、全身無力、猶如無數小螞蟻啃食身體般的痛苦。

在美國、歐洲，許多在街上的流浪漢，不是酗酒就是海洛因上癮者，他們還會因為共用針頭而感染愛滋病。海洛因價格昂貴，加上吸引力太強，讓許多重度上癮者不惜出賣自己的身體或血液，以換取少量的海洛因。許多因為吸毒過量而死亡的年輕人，海洛因佔大多數。為了海洛因販毒、強盜、偷竊也在所不惜。想要戒掉海洛因，一定要藉助專業的戒毒所，由醫護人員或有經驗的戒毒人員二十四小時監控，以免發生意外。

筆者認識的一位朋友，她的兒子染上海洛因，確實想戒，認為憑著意志力可以在家自行斷戒，於是要求母親將他鎖在房間，三個月沒有吸毒。身體的毒去掉了，心理的毒卻無法戒掉。他母親認為應該安全了，於是給他一輛腳踏車在家附近騎車運動。沒想到這個孩子卻騎著腳踏車到另外一個城市的毒品供應商找毒品，結果因為長期沒有食用，一旦接觸劑量過重，身體負荷不了，成為植物人，終身癱瘓。他確實想戒，也幾乎成功了，但是海洛因上癮性太強了，很容易「又回去了」。

海洛因的特徵

▼危 險 性：長時間服用身體產生依賴性，如果使用是減少或停止，可能會出現戒斷症狀如：藥物渴求、煩躁不安、肌肉和骨頭疼痛、失眠、腹瀉、嘔吐，全身起雞皮疙瘩（俗稱冷火雞）。主要的戒斷症狀在四十八～七十二小時後最後會達到巔峰，大約一週後才會消退。突然斷戒，對嚴重依賴、健康不佳的使用者，可能會導致死亡。許多患者採用被列為二級毒品的「美沙酮」代替海洛因，但美沙酮也是令人產生依賴性的毒品，可見海洛因斷戒之困難。

▼上癮徵狀：吸食後傻笑，走路搖晃，兩眼發紅，口齒不清。上癮而沒有吸食如同重感冒徵狀。

▼外　　觀：白色或咖啡色粉末狀，近年來由於海洛因價格昂貴，又很「暢銷」，許多不法毒品供應商在海洛因參雜許多不明毒品，因此也出

現「黑色海洛因」。一旦吸食腦部損壞，甚至喪命。

▼**吸食方法**：十分多樣化，放在鐵器（如湯匙）或錫箔紙上燃燒後，經由管子，由鼻口吸入。或捲入香菸內吸食，或用大麻煙管吸食，比較常見的是用針頭施打。共用針頭會引發愛滋病的可能，筆者所知在加拿大有一政府立案的地方，專門提供乾淨針頭供應海洛因患者，避免他們感染愛滋。

如何發現青少年開始吸毒？

青少年的父母必須有一個認知：「當你孩子吸毒時，他的同學、朋友都會知道，而你絕對是最後一個知道。」

在孩子剛開始接觸毒品時，父母必須藉由「觀察」（通常孩子不會口頭告訴你）得知孩子的狀況。這是非常重要的事，通常等孩子告訴你都已經太晚了（嚴重成癮或產生犯罪行為）。美國青少年染毒的危險期，大都在高中最後一年以及進入大學的第一年。在台灣則大多是進入高中的第一年，也就是心情放鬆時或脫離父母監管期。人際關係的轉換、環境的變遷或壓力過大時，青少年找尋宣洩的出路，這時如果所交往的朋友沒有過濾，或不喜愛運動，染毒或酗酒的機率比較高。

如何發現孩子吸毒？上癮之前有無徵兆？特別是毒癮，越早發現越能夠擺脫上癮的陰霾。當孩子有以下的反應，你必須要特別注意，但不要太緊張或發脾氣，要冷靜處理：

一、當孩子不許你進他的房間或似乎有要隱藏什麼

當人犯罪時，「躲藏」是第一個徵兆。當你覺得孩子好像要隱瞞什麼，如：不讓你進入他的房間、回家時心神不寧，要特別注意。當孩子要求尊重隱私權時，要記得父母是房子的擁有者，有權力進入家中的任何地方，包括孩子的房間。但為避免不必要的爭端，最好趁孩子不在房間時再仔細搜查，並且不要破壞原有的擺設（無論多髒多亂），免得孩子會覺得你不信任或冤枉他。若有機會也

可看看他的書包，也要不動聲色，看過後即使有任何的「不明物品」（如：燒過的鋁箔紙、鐵湯匙、玻璃瓶），也不要太驚恐，不要立即反應。

二、生活不規律，特別是沒有食慾或一睡不醒

吸毒者可以二十四小時不睡覺或睡眠超過二十四小時，不是一般人體可以負荷的都要小心。生活不規律及食慾不振導致體重莫名的下降，都是吸毒的前兆。在台灣有一些孩子迷上網咖，經常徹夜不歸，是非常危險的，他們可能在網咖遇見毒品供應者，或者吸毒的伙伴，比在家還要危險。到網咖必須付費，父母最好在給孩子的零用錢上加以管制。

三、經常出門整夜不歸

剛開始吸毒時都是與朋友一起吸食，或在派對中嘗試，若孩子經常夜歸，要注意身上是否有異味？走路步伐是否穩當？口齒是否清晰？第二天起床時，莫名大發脾氣，疑神疑鬼也要小心。父母因為要工作或體力無法負荷，無法等待孩

子夜歸才入睡，但若能早期發現孩子的狀況，總比太晚要好，還是辛苦些吧！

四、花費突然增多

任何毒品都必須花費金錢，而且大多以現金交易。要經常察看信用卡是否有不明而且大量消費？若有，表示可能以「以物換錢」。要經常查詢他的帳戶及信用卡是否異常？不要給孩子單獨的帳戶，信用卡、手機最好與父母的帳號連結，以方便監看。萬一出事，可以查得出源頭。

五、生理、心理突然改變

個性變得易怒、暴躁、猜疑，並有侵略性。剛開始有體臭、口臭，不注重衛生，消化系統有問題，甚至體重突然下降。吸毒過後瞳孔也會放大。

每一種毒品的徵狀都不一樣，父母要嚴加監控，若有可能，不定期察看房間、抽屜、書包，看看有無上述的毒品。若以上訊息都令你感到不安，或發現你所陌生的「東西」（你無法確認是否為毒品），通常質詢孩子時，他一定會做解釋或大發雷霆。

若以上五種徵狀都出現在你孩子的身上，不要驚慌，有一個方法可以驗證，就是：購買毒品試劑（drugs test）。在美國任何藥房均有出售或上網選購，若在台灣可尋求醫療相關單位的協助。毒品試劑有不同等級，價格也不同，可依照前述對各類毒品的介紹來選購。大約台幣六百～一千五百元不等。不要怕面子問題或擔心孩子留下不好的紀錄，只是在求證階段而已，寧可過於小心，而不要輕忽。

絕大部分的孩子都不願做毒品檢驗，他們的理由是不被尊重。父母也要小心，除非孩子有符合以上全部症狀才可以採用毒品試劑。父母應該心平氣和地鼓勵孩子勇於證明自己的清白，當檢驗出來的結果沒有吸毒，也要向他道歉，並解釋為何要這樣做。如果孩子堅持不肯驗尿證明自己的清白，又有以上徵狀，表示八成已經染毒。不要太過緊張，更不可以責罵，孩子已經染毒，責罵無法解決問題，只會讓孩子惱羞成怒，他已經是「病人」，必須尋求第三者介入輔導，不要單獨貿然行動。要尋找諮詢的對象。下列網站可供參考：www.livingfree.org、www.drugfree.org、www.teenchellenge.com，或上台灣晨曦會網站及政府官方網站，都可以幫助你下一步該怎麼辦。本書下面幾章也會告訴你該如何處理。

家中準備毒品試劑還有一個好處，就是對青少年產生警惕作用，當他們外出狂歡派對時，會想到：「我爸媽會驗尿，還是不要食用的好。」讓青少年有理由對朋友說「不」。

當父母具有一般毒品與上癮知識後，對孩子絕對有嚇阻作用，有些孩子就是看準父母什麼都不懂，對孩子的人際網絡又非常陌生，於是肆無忌憚任意而為。但是當孩子知道父母有所準備（如：檢驗試劑或查詢相關資訊），他們外出有朋友慫恿吸毒時，比較有理由拒絕，因為「怕父母知道」。父母對毒品的認識，會讓孩子心生警惕，當他們面臨同儕的誘惑時，會比較容易拒絕。他們會認為：「我爸媽什麼都知道，還是不要用的好，免得被他們發現。」父母對毒品的不妥協與認識，能有效遏阻青少年在外吸毒的機會，並幫助早期上癮的青少年。父母越早干預，孩子染毒的機率也就越低。

第六章　與上癮者溝通及輔導技巧

懇求上天賜我「平靜」，去接受我所無法改變的，

賜我「勇氣」去改變我能改變的，

並賜給我「智慧」去分辨兩者。

——戒酒無名會禱告詞

上癮型態以「物質類成癮」，特別是藥癮、酒癮所帶來的傷害最大，且嗑藥、酗酒，不但會帶來犯罪（販毒、酒駕、偷竊、搶劫、殺人等），更有可能失去生命。特別在青少年時期，自我控制的能力薄弱，無法節制藥量與酒量，也無法自行戒癮，必須倚靠家長的決心與毅力。

若能在青少年時期戒掉物質類成癮，邁向全人康復的比率較高，他們有足夠的年歲修正成癮生活並追求美好未來。絕大多數的戒癮輔導均認為，成癮青少年必須經過一段時間「隔離」所處的環境，才有機會戒癮，並且越早越好。但困難的是，如何幫助青少年進入戒癮階段？

你如果問人：「我的孩子吸毒了怎麼辦？」大部分的人會告訴你：「進戒毒中心！」但是談何容易？上癮者不會承認自己上癮，其中一個重要原因就是：「進戒毒中心」等於昭告天下：「我吸毒了！」承認自己有毒癮不僅是吸毒者的挑戰，通常連父母也不願承認，許多父母不願送孩子去戒毒，其中一個理由就是「怕人知道孩子吸毒」。通常要等到孩子違法犯罪，或被毒品傷害成為精神病患者，「萬不得已」家長才會有意願將孩子送進戒毒所，錯失治療時機實在非常可惜。

即使如此，當父母用強迫的方式送孩子進入戒毒中心，戒癮後再度復發的機率也比較高。到時候白忙一場，徒勞無功。有些非營利戒毒中心如：晨曦會，他們不向上癮者家庭收取費用，但必須先經過「面試」，上癮者本身必須有意願戒癮他們才肯收留。這些非營利戒毒機構療程通常一年半以上，耗時較久，但是戒癮成效比較好。

因此，如何有效地與上癮青少年溝通？讓他們有意願去戒癮，是最重要的課題。尤其面對上癮的青少年，他們的世界幾乎與外界隔絕，就是因為他們不願面對真實世界，才會成癮。因此你無法用勸告或講道理與他們溝通。「道德勸說」對上癮的青少年是無效的。戒癮輔導與一般的心理輔導也大不相同。最困難的是必須讓孩子「有意願」戒癮，而不是用強迫的方式，才會有效果。

本章就是教導父母及輔導者，如何讓上癮青少年進入戒癮？透過「有效溝通」（不是口頭勸誡）讓孩子有意願重新調整人生，邁向康復之路。以下兩篇論述是針對不同對象所寫的：「家屬：家有上癮青少年的家長」以及「輔導：協助上癮青少年家庭的輔導者」。

上癮者不是一般的病人，也不是心理疾病的患者，採用的方法會不一樣。或許你家沒有「上癮青少年」，只有「問題青少年」，瞭解以下這些方法也可以幫助你與青少年「有效溝通」：

家屬篇

誰是「家屬」？大多數是父母，但也有可能是祖父母、配偶或老闆。總之這裡對「家屬」的定義就是「生活供應者」。

若是家人不敢或羞於面對，孩子得救的機會幾乎是零。但是家人必須認知：當你選擇勇敢面對，陪伴孩子走上戒癮的道路，要付出極高的「痛苦代價」，這個代價好像會失去孩子，但是卻會讓孩子「起死回生」，也就是家長必須要有「置之死地而後生」的心理準備。「面對疾病的真相」看起來好像比較容易，但如果這個病症是「吸毒」、「酗酒」恐怕就沒有那麼容易，因為還要付上「羞辱」與

「風險」的代價。這個「羞辱」也許來自上癮孩子（他會辱罵你），有可能來自親朋好友（他們會怪罪於你），更有可能來自你自己（自我控告：我哪裡做錯了？）。

特別是華人父母（或配偶）「愛面子」與「愛兒子」的結果，隱藏真相不願求助，讓上癮者問題更加嚴重。孩子吸毒或許不是家屬的錯，但讓孩子康復，家屬卻是重要關鍵。因為家屬最常與青少年相處，又是他們的「生活供應者」。當孩子還無法獨立自主生活時，正是戒癮的最佳時機，一旦成年可以賺錢，戒癮更加困難。上癮青少年最重要的陪伴者及幫助者，就是自己的父母，父母是逃避不了的。

案例

住在加州的陳太太在四十歲時才生下一個兒子，特別寵愛。但不幸的是，兒子在大學第一年即染上大麻加上酗酒，隨即休學在家。陳太太連女兒都不敢告知，獨自默默承受的結果是成了憂鬱症患者。

有一天陳先生為阻擋兒子吸食大麻，被兒子推倒傷及腦部，陳太太雖然報警，但又擔心兒子留下犯罪記錄的污點，於是聘請律師讓兒子無罪開釋。陳太太為避免兒子再度惹事生非，在拉斯維加斯買了一棟獨立屋，讓兒子離家居住並收取租金過日子，眼不見為淨。

一年後，兒子因為酗酒問題犯了法被警察逮捕，法院判決被保護管束，警察不定時到家檢驗陳太太的兒子是否再度酗酒，法院並判決必須參加戒酒協會半年以上。因為警方的強制介入，孩子不敢再吸毒、酗酒，生活邁向正軌。陳太太這才醒悟，早知如此就應該早點讓公權力介入，白白耗費這麼多年。

邁向戒癮的過程中，最重要的就是父母的態度是否堅定。父母如果對大麻妥協，就會帶來海洛因的災難；對色情刊物的妥協，就會帶來將來對「性癮」的可能。如果父母認為喝酒或抽大麻只是消遣或休閒，偶爾一次也不會怎樣，那就大錯特錯了。如果你對孩子有些不祥的預感，或你覺得有些不對勁，就該立即進行干預。筆者的經驗，通常孩子的吸毒狀況遠比父母描述的要嚴重許多。

家屬與上癮者對話的要點

任何「成癮」都是一種「選擇」，因此當父母與上癮孩子溝通時，也要運用「選擇」的技巧，並且尊重孩子的「選擇」。可能父母會問：「孩子如果選擇吸毒呢？也要尊重嗎？」是的，當你提供選擇方案並加以告知選擇的後果，而孩子依然選擇「吸毒」或「酗酒」的話，你必須讓他承擔這個選擇的「結果」，這個結果可能是流浪街頭，也有可能會去販毒，有些女孩子為了吸毒而去賣身。

因此當孩子選擇離家時，父母一定要為孩子留一條後路，如：「如果有一天你不再吸毒，歡迎你回家。」不要說出讓自己後悔的話，如：「你離開這個家就永遠不要回來。」意氣用事的結果，會讓孩子落入更危險的景況。當然，如果能在孩子剛開始上癮時，就採取斷然措施，瞭解孩子的「谷底」是什麼，可以避免讓孩子走上不歸路。輔導原則是：「上癮的時間越短，越容易溝通，治癒率也就越高。」

一、清楚表明孩子吸毒必須承擔的後果，這個「後果」必須是具體的，而且是他所不願經歷的，如：失去零用錢、不能留在家中、學校被退學、沒收電腦……等等。

二、有必要請求外力的介入。如：值得信任的學校老師、教練、輔導、親戚或專業人士，有時候是警察。邀請第三者的介入，代表在家長心目中此事非同小可，讓孩子心生警戒也比較不會對家長憤怒。

三、冷靜地分享你的關心，以及傾聽孩子的想法。要把握一個原則，就是讓孩子開口說出自己的想法，即使聽到荒謬的言論如：大麻沒有毒、我吸毒沒有妨礙到你……等，也絕對不可以動怒。語氣堅持卻不要含怒。

四、有效地監控孩子的行為與活動，如：金錢流向、交往朋友、學校成績……等等，當孩子認為你不尊重他時，必須表明你是家長，有權利支配家中的金錢及察看房間，同時也是出於關心及父母之愛。

何時可以和孩子談論相關議題？

當你懷疑孩子「可能」吸毒時，就必須立即展開對話。許多父母因為孩子的態度很差（吸毒者情緒非常暴烈），孩子只要見父母開口立刻掉頭就走，或者因孩子生氣而放棄對話。即使如此，要捉住機會表達父母對毒品的意見。

父母也是人，當孩子對你怒目相向、惡言以對時，父母很難控制自己的情緒。筆者建議採用「問句」的方式來降低激烈衝突，如：最近為什麼常常晚回家？你精神、臉色不好為什麼？常常一個人關起門，有什麼事嗎？你有抽大麻嗎？可以驗尿嗎？等等問句。而不是下斷語「我就知道你吸毒」、「晚回家是去鬼混」。

即便如此，孩子可能「嗯」的一聲或者不理你，甚至對你口出惡言，不要氣餒，孩子表面上不屑，但心中已有警惕。

以下是父母與上癮孩子的互動步驟和對話技巧：

一、認清協助戒癮一定會帶來衝突

沒有一個孩子會喜歡父母和他們討論毒品問題。與上癮者對談「衝突」是正常的，不要因為「衝突」而退場或妥協，當你因為孩子有可能吸毒而採取嚴密監控時，孩子會情緒失控、亂發脾氣，要用和緩的態度表明立場，你可以等以後再談或當他冷靜時再談，但不能退場。如果孩子因此惱怒、謾罵或說「偽君子」、「我恨你」、「我希望你離開我」、「假基督徒」、「我希望你死掉」、「家裡沒有溫暖我才去酗酒」等等，這都是青少年的正常反應。父母千萬不要隨之起舞。他越大聲你越要冷靜。

孩子：「你為什麼要搜我的房間？查我的書包？你懷疑我？不信任你自己的女兒？」

父母：「很抱歉讓你覺得我不信任你，好像我是愛管閒事，但身為父母有責任保護你的健康和安全，尤其是你令我不安心的時候。」

子女：「你自己呢？還不是喝酒和抽菸？」

父母：「是啊，我不希望你和我一樣，上癮很難戒的，我真希望我沒有上癮。不過這對青少年的大腦不好，法律規定未滿二十一歲不能抽菸喝酒啊。」

子女：「大麻很好，比菸還安全，不會怎樣。」

父母：「大麻是非法的，更何況大麻會影響頭腦發展，只要是非法的就是不能做。」

子女：「我沒有吸毒，你冤枉我！」

父母：「我希望你沒有，請告訴我實情，我愛你，只是想幫助你。請誠實告訴我實情，我保證不會生氣或處罰你。為了讓我心安，也證明我是錯的，可以讓我驗尿嗎？或者你告訴我實情。」

往往上癮的青少年會激怒父母如「我會吸毒、喝酒都是你害的」，威脅父母如「如果你敢叫警察，我死給你看」、「今天是你最後一次見到我」，或者摀住耳朵「我不要聽你說」，大聲吼叫「我恨妳，希望永遠不要見到妳」，或者破壞家中的牆壁、家具等。這些都不要驚訝或傷心。當你認清孩子上癮的事實，你可能會經常聽到一些狠毒的話。千萬不要有內疚感或放棄溝通。有時當他們心情好或你給他們好處時，他們也會告訴你：「你是世界上最好的爸爸！」

還有些父母是基督徒，孩子為了要取悅父母，星期天上教會，其餘時間用來酗酒、嗑藥，或者到了學校卻不進教室上課。父母的心情好像雲霄飛車上上下下，跟著孩子的情緒起伏不定。

當被發現吸毒時，不少孩子惱羞成怒乾脆離家出走，以致父母懊惱不已。認為早知道就不要「掀開了」，真的是鴕鳥心態。即使孩子離家出走，要表明父母的愛，開一扇門等孩子回家，為讓父母安心，可以透過一些管道如：朋友、行動電話、Face Book 等，知道孩子的去處與確認安全。絕不能發出這樣的暗示：「你可以在家吸毒。」

有些孩子會告訴父母：「除非我死了，才會不抽大麻。」或者「你逼我，就死給你看。」當你聽到類似的訊息，也絕不能妥協，即使孩子離家出走也一樣，你只能禱告求上帝保護他，當他回心轉意想要回家時，也要表明立場：「我非常歡迎你回家，但是不能吸毒或抽大麻。」

二、當孩子告訴你實情時，不能生氣或責罵

前文提及，吸毒的人不去戒毒的原因之一就是：「決定戒毒等於承認吸毒」。寧可暗地裡偷偷吸毒，也不要被人帶去戒毒。這是華人子弟被毒品綑綁的重要因素：「面子問題」。孩子也知道父母的心情，認為「吸毒」是羞恥的事，但是邁向戒癮的最重要原則是「不承認等於沒機會」。

筆者知道在華人圈中，或者因為「面子」問題，或者太愛孩子，很害怕與孩子衝突的結果，會導致從此失去孩子。要知道一個吸毒的病人，沒有走到盡頭是不會回頭的。每次的衝突都會帶來一點點的進步。不要害怕與孩子衝突，他們不會因為與父母爭執或離家出走而死去，卻會因為吸毒而失去生命。只要父母冷靜處理，不要批評、論斷孩子。上癮孩子對父母的殘忍話語都是背後的毒品作祟，他們的理性被毒品蒙蔽，幫助他們與毒品隔絕，孩子才會真正回頭。

父母與孩子討論關於毒癮或酗酒的對話不會只有一次，要記得這是一個「過程」，通常當孩子上癮時，據統計，家長必須談論相關主題多達三十次以上，上癮者才會有所反應。不要擔心孩子會恨你，與孩子溝通的目的是「讓孩子告訴你

實情，並且答應你幫助他」，千萬不要和孩子爭論是非對錯，不要逼孩子認錯，這是沒有用的。與他溝通的目的是要他告訴你實情，而不是論斷批評。

當青少年染毒時，他們其實無時無刻不在想戒，每次施打毒品或被父母發現，他們都會說：「真倒楣，被你發現，這是最後一次了！」或者「我本來就想戒，這是最後一次了。」上癮者自行戒掉的機率非常低，他們是想戒，只是戒不掉。還有孩子或者因為在派對群體中，不願扮演「與眾不同」的角色，為取得認同感而吸毒或喝酒，筆者也聽聞校園染毒的事實，曾經有一個中學生在廁所門口被人攔下，被逼迫要吸安才能上廁所，孩子因懼怕不敢告知父母（怕父母生氣或被朋友報復），不幸染毒，實在非常冤枉。

因此當孩子願意告訴你實情，承認自己吸毒時，雖然你心情一定非常難過，但要記得這是孩子在尋求你的幫助的訊號，若是「責罵」代表「拒絕協助」。當孩子對你說：「我吸毒了！」千萬不要回答：「你怎麼可以吸毒」、「真丟臉」、「你真是壞透了」、「你給我滾出去」等等責罵的話。孩子承認是不簡單的，他們已經跨出一大步。應該有的態度是：「我知道毒品非常可怕，媽媽希望你能戒掉，相信你也想戒，我們可以一起努力，尋找有什麼辦法。」

就筆者輔導經驗，協助上癮家庭，特別是吸毒者，千萬不要「檢討過去」，而是「放眼未來」。當孩子能據實以告他吸毒的狀況，表示他在「求救」，其實已經成功了一半。此時不要追究「為什麼」，應該立即尋求戒毒中心或戒毒輔導的幫助，「承認」需要極大的勇氣，特別是對愛你的家人，「承認上癮」是非常自卑而又羞愧的，只是他們常會用「憤怒」來表達羞愧，父母要用愛心來接納。

三、尋求第三者介入

這個「第三者」有可能是警察、社工人員或孩子害怕、敬重的人。通常父母與上癮青少年談論毒品或搜出毒品時，青少年的反應會非常憤怒，認為你侵犯他的隱私，不尊重他，他們會認為：「我吸毒干你什麼事？」根本不想與你談，而家長此時也可能惱羞成怒，這時你就必須尋求第三者介入。青少年面對第三者通常會比較冷靜。若能找到有經驗的輔導是最好，有時是學校老師或公司的老闆，也許是親戚。

通常華人父母最大的問題有兩項：「怕影響孩子前途」和「怕丟臉」而不敢承認。願意尋求第三者介入的家庭，基本上就已經邁向成功戒癮的一大步，但是事前必須經過周密的策劃，以免徒勞無功或孩子逃跑。要知道，吸毒的孩子脾氣會非常暴躁，不要害怕，是毒癮或藥物作怪，避免正面衝突，應該盡早尋求有公信力的第三者加入「戒癮輔導團」，可以早日讓孩子走向康復之路。

四、警力是否應該介入？

青少年如果對父母採取「人身攻擊」，傷害你或將你推倒，以致你根本沒有機會表達，應該立即報警，或警告他不可以對你攻擊，否則會報警。如果青少年對你的警告不理睬，你可以告訴他，只要是非法的，必須自己承擔後果（提供選擇方案），然後請「第三者」（非家中成員）介入。華人父母普遍很害怕報警，認為對孩子將來不利，怕留下犯罪紀錄，其實關鍵在如何與警方溝通。如果表明孩子是「病人」，因為吸毒的緣故導致頭腦不清，不是「罪犯」，並且不要太過緊張，通常警方會採取不一樣的處理方式。有時警方的介入可以幫助孩子走向戒毒，被法院判去戒毒的青少年，成功的案例也不少。

筆者在幫助我的兒子戒毒過程時，曾經遇見一名好心的警察，經過我的再三懇請，到家中嚴厲訓誡一番，讓我兒子心生恐懼，更加確認必須戒毒。前提是一定要與警方事先溝通。在美國加州有一個案例，發生在華人家庭，孩子因吸食毒品，父母沒有及早處裡，也沒有向警方報備，以致孩子拿刀威脅父母，鄰居報警後與警方對峙，孩子威脅要殺父母，以致警察開槍制止，孩子死於槍下。這則新聞讓當地的父母更加不敢報警，其實父母若能盡早請求相關第三者協助，並且與警方事先溝通（我們稱為預防犯罪），應該可以避免這種悲劇。當然警察不見得是最好的「第三者」，要找到具有同理心的警察也不容易。

五、金錢管制

任何毒品都必須「現金交易」。一旦發現孩子有吸毒的跡象，為了孩子不至於染毒過於嚴重，最重要的就是「金錢控制」。每當孩子出門前向你索取飯錢或車資時，不要怕麻煩，盡可能「小額供應」，在美國不要超過十元美金，在台灣最好控制每次一百元以內。若孩子使用信用卡，要注意流向，以及是否「以物易錢」。

筆者經常勸告戒癮成功者，若家中的經濟狀況允許，不要立刻投入職場賺錢，免得手中有錢受誘惑。任何疑似染毒的孩子也是一樣，不要鼓勵他找工作，而是努力學習，進入學校就讀或學習謀生計能，都是不錯的選項。過了一段時間確定「安全」後再找工作比較妥當。許多吸毒的孩子還是照常工作，只是大部分的工作都是比較耗體力而不是用腦的工作。每次領錢就去買毒，狀況更糟。沒有金錢的誘惑並且隔離毒品一段時間，是比較妥當的做法。

但金錢管制下，孩子會不會因此去販毒呢？那麼要注意：孩子是否有不明金錢來源？經查訪後有此跡象，要尋求具有公信力的「第三者」查明。

確認孩子吸毒時，家長該如何自處？

許多父母都有一個錯誤的觀念：「當孩子吸毒，我一定知道。」

筆者聽說一位朋友的孩子在派對中吸毒，特別專程告知我的朋友，結果孩子的母親告訴我，她的孩子向她保證絕對不會吸毒，她選擇相信孩子，認為她瞭解自己的孩子，不想聽信別人。這種反應令人非常可惜。我曾經邀請一些家有青少年的父母來聽講座，充實這方面的知識，有人不願意參加，因為參加就好像貼上標籤，告訴別人「我小孩可能吸毒」。這種愛面子的鴕鳥心態害了孩子而不自知。

極少數的孩子會告訴你實情，絕大多數都是被父母「發現」吸毒，令人難過的是，有些父母發現時已經太晚，父母過於輕忽以及過度信任的結果，孩子可能失去了寶貴的生命。因此，只要孩子還活著，「發現」孩子吸毒雖然讓父母心中傷痛，但卻不完全是壞事，代表有轉機。

只是被發現時，衝突在所難免，有些孩子會選擇離家，不面對父母的傷心與責難，有時過程是很漫長的，孩子可能離家好幾次，才會願意去戒毒，從發現吸毒到戒毒的過程非常艱辛，會面臨許多風暴、衝突，父母要勇敢面對。要知道孩子還年輕，能夠徹底戒癮，未來還是有美好的前程。

從發現孩子上癮到治療，要耗費非常長的時間，這段期間家屬必須有哪些準備呢？

一、顧好自己

首先將自己的健康、情緒、心靈照顧好，因為這是一條漫長而艱辛的道路，只有健康的父母，孩子才有希望邁向康復。若時間允許，不妨多運動或加入心靈關護團體，這比在家流淚傷心好。有人說上癮者家屬比上癮者更痛苦，因為上癮者可以藉毒品或酗酒麻醉自己，但是家屬卻不行，只能整天活在擔心害怕中。許多家屬還因此得了憂鬱症或精神病。因此照顧好自己是最重要的。孩子很難在短期內有意願戒癮，有可能需要長時間的運作，父母必須將自己身心靈都照顧好，才有體力與精力與毒品對抗。

二、蒐集戒癮的資訊

特別是與你孩子相關的上癮資訊，如：酗酒、相關毒品等等，以及戒毒中心的訪查。坊間戒毒中心良莠不齊，要仔細瞭解。藉著與戒毒中心人員的溝通也可以幫助你對毒品的認識。由於上網非常便利，不妨多使用網路充實相關知識，以便做出正確判斷。

三、尋求支持人際網絡

筆者建議，若能在社區中找到「同路人」是最好，也就是上癮者家屬或上癮治癒者，或者有經驗的社工人員。他們雖然不認識你，大都很樂意可以給你一些建議，或為你禱告。不要詢問一些沒有類似經歷的人或者親戚朋友，有時會帶給你更多的困擾或責難，甚至二度傷害。尋求晨曦會相關機構或上網查詢，應該有家屬團契或支持機構。

四、常常禱告

有人說「戒癮」是一場靈界爭戰，常常父母會因為吸毒孩子怪異暴戾的行徑而情緒崩潰，當父母發現孩子吸毒時，會自責不已，有時還要忍受來自長輩的責難，或者親戚朋友的不當關切，往往無處可訴，除了「過來人」能給你支持外，只有倚靠上帝的力量才能勝過。孩子帶來的傷痛往往無處可訴，藉著禱告可以給你力量勝過毒品帶來的黑暗權勢。而上帝也特別同情這些父母，透過禱告常常會有峰迴路轉的結局。

五、永不放棄

只有永不放棄的父母，孩子才有希望。陪伴孩子走過輕狂歲月是一條漫長的道路，有時你會看不到盡頭，不知何時孩子才會回頭。不要往後看，不要自責，更不要放棄。上癮的青少年其實很無辜，他們不知道自己所做的是什麼。孩子也許讓你心碎，父母放棄只會帶來更大的傷痛。孩子上癮不是你的錯，只要父母不放棄，孩子一定有救，只是需要「時間」，而這段時間正是磨練生命的時機！

輔導篇

誰是輔導者？最好是上癮者的父母之外的人士。輔導者有可能不只一位，因為階段與功能的不同而有所調整，如：孩子不願、不承認吸毒時，必須藉助老師、戒癮輔導員、孩子敬重的人，甚至警察，參與「遊說團」，透過協談、判刑、塑造環境（讓他無路可走）等技巧，讓他邁向戒癮之路。孩子戒毒之後，必須幫他安排新的生活圈，若孩子產生憂鬱、孤立、挫折等等心理狀態，可能必須借重心理醫生或心理輔導。

上癮者帶給家人極大的傷害與傷痛，而上癮青少年與父母之間幾乎都沒有溝通的機會，加上父母很難抽離情緒，要成為輔導者是非常困難的。但也有例外。筆者自己在求助無門之下，成為上癮孩子的輔導者，並且邀請戒毒所的同工、警察、親戚、教會青年牧者等與我一同參與輔導，組成「戒癮輔導團隊」順利幫助孩子脫離毒品的綑綁。

輔導員最好是對上癮有概念、對你們家的狀況有憐憫之心的人（不熟悉無妨），因為輔導或協談都不會只有一次。輔導員有可能是教會牧師、輔導、學校老師，或值得敬重的親戚，最好是有戒毒經驗的人，他們雖然與你不熟，但都很樂意幫助被上癮綑綁的年輕人。如果真的找不到有戒癮經驗的人，輔導員必須具備極大的同情心與耐心，更重要的是具備專業的知識與技巧。有些輔導員介入，因為專業知識不足、心態不正確，非但沒有解決問題，反而成為問題的一部分。

本篇是針對有心輔導上癮家庭的人士，他們可能是你的朋友、學生、教會會友等，若能透過你的幫助，挽救一位上癮的青少年就是挽救整個家庭，因著你的介入，上癮者家庭開始有了轉機，是非常值得的付出。協談的目標是讓上癮者願意進入「戒癮」階段，透過「協談」讓上癮者發現問題的嚴重，協談不會帶來戒癮的結果，而是幫助上癮者進入「戒癮」的開始。協談者主要目的是讓上癮者認清：「癮」是無法靠自己戒掉的。透過協談可以增加他尋求戒癮的意願，對將來邁向「戒癮」是非常重要的一步。

引導戒癮的技巧與實務

輔導上癮者不是一般心理治療。輔導上癮者與一般的心理輔導是完全不同的。上癮者是完全脫離現實的，若要尋求心理諮商師的幫助，也必須是「戒癮」

專門的治療師。筆者在尚未涉入戒癮領域之前，曾在教會牧師的建議下，求助一位專門做「婚姻輔導」的人來幫助我，她第一句話就問我：「你孩子為什麼會吸毒？是家庭因素嗎？」讓當時的我非常自責，真想立刻掛掉電話。教會牧者要特別小心，不要介紹不同領域的輔導來幫助上癮者，特別是毒癮患者。

輔導員應該保持關心的、溫柔的、建設性的和明確的態度，不要追問吸毒原因，更不要責怪父母，這對戒癮並沒有幫助。無論是父母或輔導員，永遠不能用指責，羞辱，或懲罰性的方式來對待上癮者，這樣會令他們拒絕治療，永遠要記得「上癮」是一種病症，而不是罪犯。

輔導者必須認知「父母」也是主要輔導對象。「父母」不是孩子吸毒的主要原因，但卻是孩子戒毒的關鍵。輔導團隊必須包含父母、戒毒中心的人，有時會有警察或醫生(有時會由醫生或法院來裁定必須送戒毒治療)。父母既是輔導員，也是被輔導的對象。輔導者可以幫助上癮者有意願改變生活形態，但若父母成為上癮者的「靠山」，再專業的輔導也無用武之地。例如：父母被孩子說服「抽大麻」沒關係，父母繼續提供金錢，父母沒有強烈意願送孩子到戒毒中心等，輔導者應該暫停協談，直到父母願意配合。

協談之前要有會前會。要得到相關的資訊才能開始協談。主要是父母，要事先瞭解上癮者的精神狀況、毒品種類、有無犯罪紀錄、家庭狀況……，還有父母的心態，父母若沒有意願要改變孩子，輔導員不可介入。參與會議的人應該是家屬、醫生、牧師、老師、教練、戒毒機構等，輔導者盡可能蒐集一切資訊，最後才與上癮者協談。以下是協談的主要技巧：

一、認清協談只是康復過程的一部分

對一個上癮者而言，虛幻的世界遠比真實的世界來得更重要。這就是為什麼上癮者寧可冒著被逮捕的危險，也不願離開他們虛幻的毒品世界。他們知道酒後駕車會造成別人生命的危險，可是仍然再犯。有些對「性」成癮的人，知道會讓他們的婚姻破裂，還是忍不住。還有更多的青少年知道毒品的危險性，仍然沉溺其中……他們不是不知道上癮的危險性，只是「拒絕相信」上癮會帶來災難。

因此，與上癮者對談十分地困難，很難與他們談論屬於真實世界的道理與原則。聖經上說：「我撒種、亞波羅澆灌，但叫它成長的是耶和華。」（哥林多／格林多前書3:6）你能做的就是幫助他們認知必須要戒毒。也許你沒看見任何改變，但是不要放棄。輔導者和家屬能做的就是營造一個環境，所有的環節都是引導戒癮的一小步。

協談的目的，是讓上癮者為他們的行為承擔後果。但是他們總是以「謊言」、「封閉」、「妄想」來躲避上癮的後果。那麼需要協談嗎？當然需要，每一次的協談都是拆穿上癮者的一小步。只要能掌握一些重點。協談者一定要記得：上癮青少年視父母為「仇人」，千萬不要讓青少年認為你和他們的父母是「同國的」，不要用長輩或父母的口吻與他們對談，要為下次面談留後路，若上癮者不願再與你見面，也不要氣餒。若你是初次與上癮者見面，最好父母不要在場。可以開始類似這樣的對話：

「我是某某，聽說你很會彈吉他（事先知道他的興趣與專長），你是跟誰學的？」

「聽說你最近被學校開除了，你母親很擔心，請我來問你，雖然我是青少年輔導，但是我的協談對象主要是父母，你和爸媽相處如何？有沒有需要我和你爸媽溝通的地方？」

「你想要在哪裡談呢？請你去麥當勞還是星巴客？」

青少年可能會說：「我不想談」、「你出去」、「你是我媽派來的」或者沈默。此時你可以留下聯絡電話：「沒關係，任何時候都歡迎你打這支電話或 email 給我。」

二、重點在「行動」而不是「人格」

協談時，重點在上癮者的「行為」造成的影響，而不是「這個人」。不要批評這個人，而是要討論他的行為。例如：青少年因酗酒或抽大麻造成成績退步，焦點集中在「成績退步」這件事實，而不是「你不用功」。重要的是要注重對人的行為。

重點應放在他「做了什麼」而不是攻擊他個人。特別針對上癮者，不要批評人格，如：「你就是不聽話」、「你就是愛玩」、「你怎麼那麼不小心」、「真丟臉」……這樣與人格相關的攻擊語氣，會讓上癮者一不做二不休，心想「反正我就是這麼壞，乾脆壞到底」。

不要說這個「人」，而是他做了什麼「事」，如：「整夜不睡覺打電動讓我們擔心」、「被學校退學下一步該怎麼辦？」、「看色情片會讓我們的婚姻出問題」、「如果吸毒你必須離開這個家，因為……」將焦點放在他做錯了什麼「事」，而不是他是個什麼樣的「人」。如果批評這個人，通常他們會產生更大的防衛，認為你在論斷。

好的協談要讓上癮者自己發現問題，而不是當判官。絕大多數的上癮者都知道自己不對，只是不承認。因此不需要你告訴他這是錯的，應該分析上癮可能導致的後果，讓他自己判斷，自己做決定。如：「你認為這樣下去，會有什麼樣的結果？」、「你覺得抽大麻，破壞你和家庭的關係，值得嗎？」

三、重點在「觀察」而不是「結論」

協談者要常將重點放在「事實」，而不是「感覺」或「想像」。例如：兒子將床搬到可以上網的房間，兒子的理由是鄰居的狗吵得他不能睡覺，而父親「覺得」是兒子想整夜上網，於是產生衝突。比較理想的方式是父親要先「觀察」兒子是否真的整夜上網，再下結論比較妥當。協談者可以從別人所聽到的訊息或觀察到的現象，請上癮者解釋。不要隨便下結論。一位母親不滿女兒穿著暴露，對女兒說：「你穿這樣想要勾引誰啊？」這樣貿然下斷語，非常不妥。

先傾聽上癮者的看法，再陳述事實，而不是加上自己的想像。協談者也可以說明經由旁邊的人所得到的訊息，如：「你母親說你最近功課退步很多，是真的嗎？」從旁邊的人瞭解上癮者目前的狀況。不要由協談者做結論，而由上癮者自己下判斷，如：「你覺得這樣下去，你父母怎麼辦？」、「你知道喝酒的結果會讓你第二天無法上學嗎？」、「你覺得這樣下去，會有什麼結果？」、「你恨你的父母，想要離開他們，你可以去哪裡呢？」、「我知道你以前是很不錯的孩子，曾經代表學校參加比賽，你覺得為什麼會有這麼大的改變呢？」

對話盡可能採取「問句」的方式，但是上癮者通常會回答：「我不在乎！」或者說謊。協談者也不要灰心。給他空間，讓他自己想一想，不做結論的好處，就是可以為下次的協談鋪路。

四、重點在「描述」而不是「判斷」

不要判斷上癮者的行為是「對」還是「錯」。要記得溝通的對象是青少年，要保持暢通的溝通管道，若對青少年的行為判斷對錯，他們很容易封閉起來，就不會有下一次的協談。應該就你所看到、所聽到的描述清楚，如：「就我所知過去這幾個星期，你因為酗酒而功課當掉了，並且失去獎學金，這是真的嗎？」（描述）而不是「你酗酒真是太糟糕了，你怎麼連功課都顧不好？」（下結論）。

要讓上癮者知道「行為帶來的後果」比「知道對錯」還要重要。知道「對與錯」對事情或戒癮並沒有幫助。許多父母與孩子爭論只是想證明他們是對的，孩子是錯的，那又如何呢？更有父母常講「我就知道你會這樣」、「早告訴過你，你偏不聽」、「看吧，果然不出我所料！」這樣對溝通並沒有幫助，孩子只會將心門關閉。

盡可能少提「忠告」，因為「忠告」會讓接受輔導的人感覺更糟。協談過程中如果對方沈默不回答，你可以問：「你的沈默代表什麼意思？」總之協談者要保持中立的語言，學習傾聽的技巧，並且讓上癮者自己回答。

五、重點在提供想法、資訊和替代方案，而不是勸告或給答案

青少年通常不會想太多，也沒有任何戒癮的方案。雖然有戒癮的意願，卻不知道如何有效戒癮。因此經過了前幾次的協談，輔導者可以提供給他一些資訊，如：「我知道有一些地方可以幫助你解決酗酒的問題，要不要試一試？」或者「你也可以選擇繼續喝酒，但是這樣下去好嗎？」、「你可以將床搬到可以上網的房間，但是門必須打開，你決定要睡哪裡？」或「你想要繼續抽大麻，搬離開家，將辛苦賺來的錢花在大麻上，還是戒掉大麻，住在家中？」

好的協談員會提供一些替代方案，讓上癮者自己選擇。由於青少年不會有任

何解決方案的資訊，因此輔導者事先要蒐集一些相關資訊，提供青少年「備選的方案」。絕大多數的青少年都認為自己是成年人了，有權利決定自己的未來，提供選擇方案不是勸告或直接給答案，會讓青少年比較容易接受。

六、重點是「如何做」而不是「為什麼」

對上癮者詢問「你為什麼會吸毒？」是非常糟糕的問題。非但沒有解決問題，還帶來一堆麻煩。輔導上癮者不是一般心理輔導，「找出原因」或追究「原生家庭」的輔導技巧並不適用於戒毒。你可能得到的答案是「喝酒讓我很快樂」或「我吸毒是被我爸媽逼的」、「我被女朋友甩了」等等荒謬的原因，這樣是非常危險的。上癮者就是不願意面對真實的世界，「找出原因」就是強迫他躲進虛幻的世界。

比較好的方式是「努力向前，朝著戒癮的目標前進」。千萬不要採用羞辱或責備的字眼，這樣會讓他們將心門關閉。當上癮者尚未戒掉毒品時，任何道德勸說或指出錯誤，都是代表「審判」，對提升意願戒毒並沒有幫助。「為什麼」代表著你在審判他。而「如何做」代表著我們一起來面對，這是幫助他。

上癮加工者

許多上癮青少年的家屬，特別是父母，常常無意之間扮演「上癮加工者」。原諒我用這麼強烈的字眼。許多父母在確認孩子上癮時，犯下錯誤的引導，以致孩子無法成功地戒癮。以下是上癮者家屬（也就是上癮加工者）常有的錯誤心態：

- 只要我努力做好父親（母親）的角色，孩子就不會吸毒。
- 讓孩子遠離那些壞孩子，就不會吸毒了。
- 這個團體太糟了，我們孩子得到不公平的待遇。
- 孩子很可憐、很痛苦是因為他們不被瞭解。
- 溝通很重要，孩子拒絕溝通就無法戒毒。

- 每次看到孩子痛苦，心中充滿了不捨。
- 孩子向我保證絕對不會吸毒，因此他不會吸毒。

如果你的孩子有上癮現象，而你卻有以上的觀念，那麼你有可能成為「上癮加工者」。

令人難過的是，許多上癮者父母的親戚朋友也會這麼認為：「你兒子吸毒，就是因為你沒有善盡責任，如果你努力做好母親的角色，你的孩子就不會吸毒。」許多上癮或行為偏差的青少年，父母都會彼此責怪對方，也常常造成婚姻破裂，形成更大的傷害，筆者所輔導的個案中，若父母婚姻狀況不好或彼此責怪，孩子邁向康復的機率也比較低。還有家中若有長輩，如：與祖父母一同居住者，上癮者父母的壓力更沈重。不僅是上癮者父母，周遭的親朋好友無形中也成為「上癮加工者」。

聖經上有一則很感人的故事，可以說明為什麼以上的觀念是錯誤的：

耶穌繼續說：「某人有兩個兒子。那小兒子對父親說：『爸爸，請你現在就把我應得的產業分給我。』父親就把產業分給兩個兒子。過幾天，小兒子賣掉了分得的產業，帶著錢，離家走了。他到了遙遠的地方，在那裏揮霍無度，過放蕩的生活。當他花盡了所有的一切，那地方發生了嚴重饑荒，他就一貧如洗，只好去投靠當地的一個居民；那人打發他到自己的農場去看豬。他恨不得拿豬吃的豆莢來充飢；可是，沒有人給他任何東西吃。最後，他醒悟過來，說：『我父親那裏有許多雇工，他們糧食充足有餘，我反倒在這裏餓死嗎？我要起來，回到父親那裏去，對他說：爸爸，我得罪了天，也得罪了你。』」

看完這則故事請你告訴我，小兒子在哪裡「醒悟」？答案是「豬圈」，是一貧如洗的景況。當他醒悟時，父親不在身邊，也沒有勸他，更沒有去找他。只是在家默默等待小兒子回家。我相信這個浪子的父親已經很努力扮演好作父親的角色，但還是無法阻止悖逆的兒子離家出走。父親只能放手讓孩子出去闖蕩，在這個故事中，我們沒有發現父親苦苦勸告孩子不要離家，也沒有看到父親出門到處尋找兒子回家，可能經過好幾年，兒子才醒悟。

我們要探討的問題是：小兒子如果住在家中，會醒悟嗎？絕對不會。只有在「豬圈中」才會醒悟。這個「豬圈」代表人生的谷底。許多父母看似在幫助孩子、在拯救孩子、在不停地幫孩子解決問題，以致孩子沒有機會跌入「豬圈」，無法真正醒悟。更有父母認為孩子會變壞是因為不被瞭解、不被接納、被朋友帶壞，其實不盡然，一個真正上癮的人，走到哪裡都抗拒不了毒品的誘惑，他們會自己去找毒品。只有從心底的徹底醒悟，才能踏上「回家之路」。許多父母不忍心讓孩子受苦，不斷地拿掉讓孩子醒悟的「豬圈」，失去了悔改的契機，非常可惜。

故事中的浪子醒悟時，父親有在身邊嗎？答案是「沒有」，這也是為什麼戒癮中心一定要遠離家鄉的原因。父母的循循善誘、苦口婆心是無法讓孩子脫離任何上癮的。父母能做的就是「營造環境」，讓孩子真心悔改。這個「環境」絕對不是「舒適的沙發」、「美好的食物」、「滿口的讚美」、「溫暖的床鋪」、「美妙的音樂」……。

案例

張先生的孩子剛從戒毒中心回家，沒想到張先生發現抽屜裡有兩張錫箔紙，懷疑孩子仍在吸毒。張先生質問孩子怎麼回事？孩子說：「還剩下一點點存貨我就拿來抽了。」於是張先生和孩子產生衝突，張先生被推倒在地，張太太立刻報警。請警察捉拿她兒子。

兒子慌張之下逃離家中。由於身上沒有錢，只有流浪在街頭。三天三夜沒洗澡，住在朋友家的車庫內，走投無路想要回家。沒料到張太太不讓兒子回家，表明除非從此不沾染任何毒品，並且讀完大學，才可以回家，兒子這才真正醒悟，體認父母與毒品絕不會妥協。這樣「置之死地而後生」的結果，讓張先生的兒子從此恢復正常生活，不再沾染毒品。

這個真實的案例告訴我們，即使是送入戒毒中心仍然無法幫助孩子戒毒，只有父母的覺醒，與對毒品絕不妥協的態度，才能幫助孩子與毒品隔絕。

以上兩個案說明了雖然上癮者與父母沒有溝通、沒有勸告，但卻都回頭，

為什麼？因為上癮者都經歷人生的谷底，真實經歷「後果」與「代價」（而不是被告知）。許多善良的父母，他們有叛逆的孩子，錯用上帝「無盡的愛」來愛孩子，孩子做錯事，認為是別人不瞭解他們；孩子得到不公平的待遇，都是別人的錯；孩子幾句好聽的話，父母就心軟。因此延遲了讓孩子悔改的機會，實在非常可惜。其實每一次孩子闖禍都是一個「契機」，讓孩子承擔後果才能帶來真實悔改的契機。很不幸的是當孩子闖禍，父母非但沒有讓孩子承擔，反而替孩子遮掩，結果只會帶來永無止境的惡夢。

案例

李先生的兒子經常在車庫練唱，摩托車聲音吵雜，家中有飼養兩隻狼狗，以致干擾到鄰居，被鄰居報警檢舉，於是李先生的兒子非常憤怒並且拿刀威脅鄰居，結果警察以「威脅恐嚇」的罪名將兒子逮捕。李先生的處理方式是：搬家，離開那「惡鄰居」；花了一些錢將兒子保釋出來，並聘請律師為兒子脫罪。當警察到家中查訪時，李太太還將兒子的大麻沖入馬桶。

以上案例中的孩子，會誤認為父母是與他站在同一陣線的，一起「對抗」鄰居，間接鼓勵孩子違法。已是成年人的孩子因為收入不夠無法離開原生家庭，但卻依然我行我素不遵守家規。結果呢？兒子有感激父母嗎？有悔改嗎？有為他的行為負責嗎？讓父母承擔孩子所犯下的過錯（搬家、脫罪），只會造成更多的麻煩。特別是已是成年人的孩子，應該讓他們在錯誤中學習成長。

但是華人父母會問：「孩子是父母的心頭肉，當孩子有困難，難道要我們見死不救嗎？」、「孩子離家出走，萬一死了怎麼辦？」、「我們要想辦法救孩子脫離那幫人」、「這樣做會把孩子逼死嗎？」……。其實「放手」讓成年孩子跌入人生谷底，並不是「見死不救」，相反的，所謂「見死不救」的父母才是「含淚偉大的父母」。身為父母，「不救孩子」比「拯救孩子」還要困難。只有「不救」孩子的父母才能真正讓孩子脫離綑綁，成為獨立的個人。因為在孩子所處的社會，只有父母才會對他們無限度的包容。父母放手、孩子經過陣痛，才能在這個社會上生存。

筆者看到許多父母因為不捨得讓孩子吃苦或受教訓，不斷地委曲求全，甚至苦苦哀求孩子；有些父母為了苦勸孩子回頭，甚至不惜下跪，忍受孩子的辱罵，有用嗎？孩子根本不會感動，因為他們已經被他們的「偶像」所轄制，弄瞎了眼，看不到父母的愛，他們看到的只是自己、只是他們所要的。父母妥協的結果讓孩子無法真正悔改，以致悲劇一再上演。

結語

輔導孩子邁向康復是一條漫長又艱辛的旅程。聖經記載，亞當、夏娃(厄娃)「選擇」背逆上帝，吃了分別善惡樹上的果子。上帝發現亞當、夏娃犯罪時，雖然傷心難過，並沒有掩飾過錯，祂讓人類承受犯罪的結果：被迫離開伊甸園、夏娃增加懷胎的苦楚、亞當終生勞苦才能吃飽（創世記 3:1-24），但卻也展開救恩計畫——耶穌基督的誕生與上十字架。

身為上癮者的父母或輔導者也一樣，必須兼顧「真理」與「恩典」，許多上癮者家屬只選擇「恩典」，卻沒有堅持「真理」。回想筆者輔導自己孩子脫離毒癮的綑綁，因為對毒品（包括大麻）的不妥協，歷經多次孩子離家，奮戰多年吃盡苦頭，但卻因著對「真理」的堅持，上帝也憐憫，最終讓孩子悔改。

許多父母為孩子付出許多，卻得不到任何回應，忽略人都有罪性，要體認沒有經歷「失去」，就學不會「感恩」。許多父母認為只要「給」、只要不斷付出，孩子就學會感恩，事實上剛好相反。前幾年在台灣有一位知名的電視節目主持人，孩子犯了相當嚴重的罪，我只記得兩個電視畫面：父親拿著孩子最愛吃的炸雞，急忙去探望被關在看守所的孩子，另一個畫面是這位父親跪在法院前一整夜，求法官放他孩子一馬。當記者訪問這位名人，鏡頭前的他總是痛哭流涕，為孩子求情。我對這位名人深表同情之外，也不禁要問：這樣做能幫孩子真心悔改嗎？

學習讓孩子「面對困難」，而不是「躲避困難」。父母和家中的成員（包括祖父母）要將「豬圈」也就是「人生谷底」盡早升起，讓孩子在剛落入上癮圈套時就能遇見「谷底」，才不會耽誤治療的時間，避免孩子受到更大的傷害。就像聖經「浪子的故事」中的父親一樣——耐心等候浪子的歸家。

更不要為孩子找藉口怪罪別人，認為是朋友帶壞。或者認為只要孩子喜歡高興、感受到父母的愛、耐心等待就會回頭。這是非常錯誤的想法，上癮的青少年不會體會父母的愛，他們只會怪罪、找藉口。只有戒掉「癮的綑綁」，當孩子頭腦清醒了，才會感受父母的慈愛。上癮青少年的家長要做的是如何「讓孩子頭腦清醒」，而不是一味地疼愛孩子。

父母不是眼睜睜看孩子沈淪不救，而是用「對的方法」幫助孩子脫離綑綁。或許你的孩子沒有吸毒或酗酒，但是否有其他的行為類的上癮或情緒類的上癮？越來越多的孩子習慣逃避、說謊、卸責，或是沉溺在網路虛擬世界，甚至還有父母認為「只要他乖乖在家打電動不外出惹事，我可以養他一輩子。」這樣的心態害了孩子而不自知。越來越多的「啃老族」就是這樣產生的。

只要孩子成年，必須自己面對「人生的谷底」，父母不要成為「上癮加工者」，孩子才有機會「浪子回頭」。只要出於「愛」與「堅持」，任何因為正確輔導所帶來的爭吵、衝突等等的「危機」，都是幫助孩子面對真相與結果的「轉機」。

「人生谷底」不一定是「走投無路」，每一個孩子的「谷底」也不盡相同。許多孩子願意戒癮走向康復之路，都是經歷了一連串的危機與轉機，在父母的堅持下，邁出一大步。

第七章　什麼是「戒癮」？如何戒癮？哪裡戒癮？

我寧可太過謹慎、太早干預，

也不願等到太遲。

不要等到孩子放縱到危害自己和他人。

——葛瑞爾（Germaine Greer）

若問「哪一種上癮者比較容易治療？」所有的毒癮治療師都會給你一個標準答案：與各種成癮誘因隔離時間越長越好，藥品、酒類用量越少越容易治療。換句話說戒癮的原則是：治療越早、效果越好，與毒品隔離的時間越長越好。

大家都知道治療上癮越早越好，但是所有戒癮個案最困難的一部分就是「違背孩子的意願，送入戒癮中心」。趁著孩子在經濟、生活上還不能獨立之前，是開始戒癮的最好時機，這也就是為什麼我們在上一章探討「如何讓孩子有意願下定決心戒毒」的主題。當我們對「成癮」有基本認識，家屬及輔導者知道如何協助後，避免成為上癮加工者，接著下來就是讓上癮者步入「戒癮」的重要時刻，也就是開始「戒癮之旅」。為何說它是個「旅程」？因為治療上癮需要「時間」以及「過程」，只要是成癮，都不可能一夜之間完全改變。

上癮者如果沒有外人的幫助，單靠家屬很難脫離毒品或酒癮的綑綁。也無法在自家後院戒毒，必須隔離接受專業的幫助。許多上癮家屬一致認為「送進戒癮中心」是最困難的一部分，因為上癮者根本不承認自己上癮，以致無法接受治療。此時最重要的就是家人及輔導者的堅持。如果能躺在家中的沙發上看電視，過著無所事事、飯來張口的日子，是不會到戒毒中心接受「戒毒」的。因此家屬的堅持是非常重要的。

有些上癮家屬認為送長期戒癮中心會耽誤孩子就學，或者無法幫助家計，是非常錯誤的想法。一旦孩子對藥物或酒精成癮，一切的計畫包括：就學、工作……都必須暫時放下，有時甚至家長也必須放下手邊的工作，督導陪伴孩子，因為一旦孩子染毒，除了進入戒毒，所有一切的規劃都是白費的，他們根本無法完成。在台灣也有不少父母忙於生計，直到警察找上門才知道孩子染毒，此時孩子身心靈已經被毒品摧殘地非常嚴重。在此也呼籲家長，不要為了事業打拼，輕忽了青少年時期染毒的可能性，在台灣很少人餓死，但卻有許多年輕人死於毒癮。

吸毒過量會帶來死亡，有些毒品如：吸食安非他命或酗酒過後會產生幻聽幻覺帶來精神疾病，不僅如此，嗑藥或酗酒的人自我形象非常差，自殺的機率也非常高，一些年輕人莫名地自殘，常常都是藥品或酒精作祟，一時衝動造成無可挽回的悲劇。

對上癮的年輕人而言，沒有一件事比戒癮更重要的了！前面兩段的「家屬篇」及「輔導篇」就是幫助上癮者「有意願」並能順利進入戒毒，而不是「治療」。上癮者必須暫時脫離吸毒或酗酒的環境，患者離開毒品的時間越久，治療成功的機率也越高。「隔離」是必要的手段，特別是已經成癮多年的患者，需要更長的時間隔離，才有機會戒毒，成為新造的人。

戒癮療程：如何戒毒？

就毒癮、酒癮患者而言，不是送去戒毒中心就沒事了，「戒癮」是一生都要面臨的挑戰，是漫長又艱辛的旅程。「上癮」是一個過程，同樣「戒癮」也是一個過程，毒癮者必須通過層層關卡，才能達到戒毒的境界。能進入戒癮中心接受隔離治療，等於拿了「門票」，邁向成功之路。戒癮大致分三階段，每一階段面臨的挑戰都不同：

一、生理斷戒期

就是去癮。必須經過「斷戒」的痛苦，大都由醫護或戒毒人員二十四小時陪伴，有些毒品如：海洛因，斷戒過程非常痛苦，上吐下瀉，全身猶如幾萬隻螞蟻在啃食，若不是身旁有陪伴，患者不是逃亡就是自殺，因為實在太痛苦了。還有一些安非他命的患者斷戒時會有許多瘋狂行徑，手中若持有傷人利器更是危險。

這也是為什麼毒癮患者最後一定會走上犯罪的道路。不少人在進入戒毒所之後，受不了前幾天的斷戒痛苦，支撐不下去而逃跑。上癮者需要極大的毅力與鼓勵，身旁一定要有專業人員二十四小時陪伴。時間大約三～七天，過了這層關卡才算克服毒癮，可以不必忍受肉體痛苦。有些戒毒所會在這段期間針對許多毒癮的重度患者，注射點滴及其他藥物，才能度過這個關卡。

二、清除毒素期

雖然經歷了斷戒的過程，並不表示體內血液沒有毒素，身體需要一段時間的消化、排泄，才算乾淨。因此有些戒毒所在這段期間採用運動、流汗、吃維他命的方式來排毒。這段期間個性、脾氣會很暴躁，因為體質開始改變，沒有藉助藥物或酒精製造大量多巴氨，容易產生憂鬱或躁鬱。許多上癮者在這段期間特別容易與人發生衝突，他們認為自己已經三個月沒吸毒，算是戒毒成功，想要離開戒毒所，事實則不然，戒毒三個月後回到家中再度吸毒的大有人在。也有不少人在這段期間在戒毒中心與人發生爭執而想離開。

台灣許多戒毒所的治療時間大約三個月，此時雖然沒有斷戒徵狀，但是當他回家後性情異常，與人相處容易產生衝突，經常幻想、疑神疑鬼或者成為憂鬱症患者，若家屬沒有心理準備或嚴密監控，很快就躲到毒品的世界，情況會更加嚴重。生理斷戒期過後，長期戒毒中心的輔導此時必須加強心理輔導，以及注意學員之間的相處。期間大約三～五個月，因吸毒量多寡及吸毒年歲而有所不同，吸毒量越小、吸毒時間越短，恢復也越快。

三、恢復功能期

也就是一般所謂的「心毒」治療期。比較科學的說法是毒品破壞腦細胞，恢復原有的正常功能需要十四個月以上。如果長期而且大量吸食，其恢復期也就越長。這就是為什麼越早進入戒毒越有效果的原因。在台灣及美國，有些戒毒所的治療時期大約三個月，其實效果非常有限。雖然身體的毒素去掉了，但是對腦部的傷害卻沒有完全恢復，許多家屬認為當孩子從戒毒所回來就代表治療完成一切健康，讓他回到原來的環境，給他金錢，生活形態沒有改變，人生還是沒方向，也無法適應社會，一旦遇見誘惑，很快又回到毒品的虛幻世界。

當我們身體受到傷害，需要時間復原，你受到的傷害越嚴重，恢復期也越長。同樣地，受毒品傷害的頭腦更是如此。要恢復正常功能，必須一年以上。這段恢復期也必須有家人或戒癮輔導的陪伴及監控。

例如：吸食安非他命，腦部的轉速是平常的一千兩百倍，想想看將脆弱的腦部長期放在雲霄飛車上會產生什麼樣的結果？當然是渙散。大腦是人體最脆弱的一環，若要恢復原有功能，不可能只有三個月。下頁的圖是吸食安非他命的腦部轉變。左圖是尚未吸食前的狀態，圖中是吸食一個月後的腦部變化，右圖是吸食安非他命十四個月後的腦部變化，整個腦部變得殘破不堪，是目前破壞腦部最強的毒品。特別是腦部正在發育的青少年，其傷害之重不可言喻。吸食嚴重者會引發各種精神疾病。

完成戒癮療程期應該是一年半。醫治期十四個月，外加二～三個月社會適應期，大約要花上一年半，才算是戒毒完成。但是戒掉後，還會再犯嗎？當然有機會再度上癮，正如同許多慢性疾病一樣，要好好照顧身心靈。特別是家人的幫助，從戒癮中心離開的孩子需要「時間」慢慢步入社會正軌。沒有百分之百的戒毒，只有百分之八十的成功，剩下的百分之二十要用一輩子來戒毒，直到離開人世。只有保持警醒的態度，才

腦功能與濫用毒品破壞程度比較

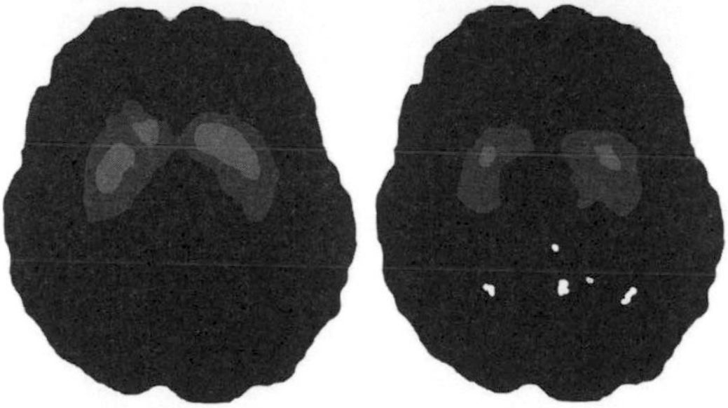

▲正常健康的腦部結構。

▲使用安非他命一個月後，腦部產生變化，失去一部分腦部的功能。

▲使用安非他命十四個月，腦部功能嚴重破壞，殘破不堪，傷及整個腦部組織。

能真正遠離毒品。

另外，酗酒者復發的機率是所有成癮中最高的。許多輔導員一致認為「酗酒」是最難克服、影響生活最大的「癮」。尤其是所處生活環境經常會接觸到「酒」的人，如：台灣原住民的山地部落、餐廳工作者，或家庭有人喝酒者，加上自己本身體質對酒類容易上癮（無法停止喝酒），即使一年半後離開戒毒中心，回到原有的環境，難保不會再犯，是目前為難戒除、復發率最高的「癮」。

酗酒也是最容易干擾別人生活的「毒品」，在美國許多年輕人的派對，除了供應「酒」之外還加上其他毒品，讓青少年更難脫離。所謂「發酒瘋」，許多酗酒者表現出來的行為模式嚴重威脅到家人，如暴力相向，甚至殃及無辜（如酒醉駕車），也因此在美國許多街頭流浪漢都是酗酒者，被家人遺棄，無法自理生活而流浪街頭。他們一旦有了錢只會買酒。因此美國戒酒無名會（Alcohol Anonymous）非常普遍，幾乎每一個城市都設有AA協會，普及率比MA（大麻匿名協會）、CA（古柯鹼匿名協會）還要高。

有人終其一生每週固定要參加此類聚會，因為戒酒是如此的困難，即使從戒癮中心出來，雜貨店、超級市場、餐廳到處買得到酒，患者無法遠離酒類，比一般的毒癮還要難醫治。必須靠上癮者的意志力並隨時保持警覺才能遠離酒癮。

戒癮意願：不願戒怎麼辦？

能順利進入戒癮中心接受隔離治療，治癒率可說是百分之六十。但是實際上，想要讓上癮者進戒毒中心何其困難！每一位上癮家屬在尋求幫助時，總會有人告訴他們「送戒毒中心」或「送進某某機構」，但令家屬難過的是：「誰來幫助我？」、「誰能將他們送進去？」上癮者長期對家屬「精神虐待」，若能被隔離，讓家屬遠離傷害、平靜過生活，而上癮者又有機會復原，幾乎絕大部分家人都非常樂意讓孩子進入戒毒中心。其實當上癮者進入戒癮中心，家屬也得到喘息、復原的機會，他們長期受到的精神虐待，是外人無法想像的。上癮者進入戒癮中心，讓家屬有時間準備並充實相關知識。因此許多戒癮中心如：晨曦會，設有家屬團契，藉著分享與課程增強家屬的「戰鬥力」。

對大部分的上癮者，特別是毒癮，**溝通與輔導最主要的目的就是增加他戒毒的意願**，並且「將他送進戒毒中心」。然而這卻是最困難的步驟，有時要耗費好幾年，患者才有進入戒毒中心的意願，若上癮者沒有意願戒毒，被家人強迫進去，復發的機率相對增高，反而徒勞無功。就華人家庭而言，上癮者不願接受治療，主要原因是下面兩種「不願面對」：

一、青少年不願承認上癮的事實

要知道「進入戒癮等於承認上癮」，需要很大的勇氣。孩子們知道華人父母大半都注重教育，都有「望子成龍」的心態，他們怕父母失望而盡可能隱瞞父母，不願承認。許多死於濫用毒品的孩子，大都是瞞著父母，使用過量而身亡。唯有父母保持警覺，才能保障孩子安全。

二、父母不願外人知道孩子吸毒

若要幫助孩子，必須要有第三者介入，父母因為「面子問題」而不願面對。

誰也不願意承認自己是「失敗的父母」，承認自己有一個吸毒的孩子，比承認自己有一個癌症的孩子還要困難。當父母願意勇敢面對，戳破孩子的謊言，開始求助第三者的幫助，孩子送進戒毒中心隔離治療的機會相對增大。

關鍵還是在父母，當孩子無法再欺瞞父母時，以下三個步驟或許可以促成孩子意願接受治療：

一、明確地溝通你對他的愛

絕大多數的父母都愛孩子，但是卻不會有效地溝通，特別是當你有一個任性的孩子。華人父母為了孩子犧牲自己而毫無怨言，但是要父母清楚表達一些事情卻很困難。你必須要和他坐下來，清楚表達無論他做任何選擇你都愛他的訊息。這樣做的目的是讓孩子沒有懼怕地說出真相，而不是隱瞞。

但是許多父母將「毫無保留的愛」錯用在孩子身上，成為「上癮加害者」，要知道「愛」並不等於「同意」或「放任」。聖經中最著名的一段經文就是「神愛世人」，但在〈加拉太書〉（迦拉達書）六章七節：「不要自欺，神是輕慢不得的，人種的是什麼，所收的也是什麼。」換言之，「無條件的愛」不等於「沒有界線」。「不要自欺」這句話不僅適用於孩子，也適用於父母。所謂「堅忍之愛」就是因著你的「放手」，讓孩子嘗到苦果時，而你仍然愛他。有些父母當孩子因為吸毒犯罪被逮捕時，乾脆放棄孩子，事實上「被逮捕」是吸毒的結果，此時父母更要用「無盡的愛」探望獄中的孩子，並歡迎他「乾淨地」回家。

還有些孩子認為父母愛他，於是為所欲為，沒有界線。在聖經的〈創世記〉記載，當上帝發現人類始祖亞當犯罪時，並沒有包容或放任不管，不但將他趕出伊甸園，並且因為「愛」的緣故，開始「救贖計畫」。上帝無時無刻向世人表達愛意，但是對「罪」卻沒有任何妥協，這才是真正的「愛」，這就是父母要表達這種「不對罪妥協的愛」。

家長要給孩子回頭的機會，倘若孩子選擇繼續吸毒，也要放手讓他們盡早承擔後果。有時父母會過於主觀認定並沒有溺愛孩子，建議你可以與家庭成員以外的人溝通，客觀地衡量你對孩子的愛是否正確。筆者認識的一位非常優秀的牧者，許多會友離開教會就是因為無法認同牧師、師母過於溺愛孩子，而牧師的回答是：「我可以不做牧師，卻不能不做父親。」寧可讓會友離開教會，也不承認對孩子的管教出問題，事實上害了自己的孩子而不自知。許多上癮青少年的父母主觀上不承認他們溺愛孩子，但看在旁人的眼中就是溺愛。

二、不斷地告訴他「真實」的狀況

當你與孩子溝通吸毒的真實狀況時，要非常小心，必須不帶有任何的憤怒與挫折的語氣。孩子要聽到的不是說教或勸誡，這些都沒有用的。要傳達的訊息只有兩件事：

1. **你吸毒會帶給你很大的麻煩。**
2. **你需要幫助。**

如果只有講一次也是沒有用的，據統計，通常上癮者要聽到這樣的訊息三、四十次，才會採取行動。當你告訴孩子你愛他時，並不表示你會掩蓋他錯誤的行為。你要心平氣和地告訴他「吸毒」會產生什麼實際發生的後果（不是說教）如：在家吸毒，你會報警等等。請他做出選擇。

有一個女兒因為犯罪被警察逮捕，她打電話向父親求救，希望父親能想辦法保釋她，將她從牢裡拯救出來，父親當場拒絕，父親說：「當你從監牢釋放出來，我會歡迎你回家。」他女兒簡直氣炸了，恨死父親。但是當她從牢裡釋放出來後，這輩子再也沒有被逮捕過，並且成為傳道人。

「告知真實」不是「說教」，每一個吸毒者都知道吸毒不好，會傷身、會死人，但還是依然故我。你要告訴他，如果繼續吸毒而且被你看到，你會毫不留情的報警，如果他在外面惹事生非，被逮捕也不會保他。他一定會失去所有的東西，包括車子、金錢等等，而且你一定會做到。要注意語氣要平和不帶憤怒，如果孩子說出惡毒的話，也不要放在心上或被他激怒，這不是孩子的本性，而是他身上的毒癮作祟。許多華人害怕孩子動怒而忍氣吞聲，不敢告知吸毒的後果，以致吸毒情況越來越嚴重。

三、仔細策劃讓他願意戒毒的「行動」

勸導戒癮「光說不練」是沒有效果的，並且你的每一項舉動都要思考：「這會不會讓孩子有改變的意願？」有人說，當他走投無路時，自然會回頭，其實也不盡然。如何讓孩子提早面臨困境？必須仔細策劃。

首先，家中所有成員必須採取一致的態度，特別是家中有祖父母一同居住者比較困難。要與所有家族親戚取得共識，不能收留或說情，讓孩子真正走投無路。一些孩子不願接受治療而離家出走，要求親戚輪流收留，父母由於愛面子不敢向親戚說明「不能收留」的理由，以致耽誤了治療時機。

其次，要定下規矩，例如：「你不可以在家吸毒或喝酒。」另一種說法：「你如果在家吸毒或喝酒鬧事，我會叫警察將你逮捕。」哪一種比較有效？第二種效果應該比較顯著，因為有「結果」。假如孩子因此而離家，該如何處理？通常孩子若無金錢支援，很難長期在外生活，運用行動電話的連接，朋友的聯繫等，確認孩子在外平安，也要透露「想清楚不再吸毒，我會幫助你並且歡迎你回家」

的訊息。最重要的是「禱告」，懇求上帝守護你的孩子，讓他平安歸來。

案例

因為母親不允許孩子在家使用大麻，傑明於是搬離家和朋友居住。表面上是要「獨立」，也找到一份搬運工人的工作，事實上整天除了上班，就是打電動及抽大麻，靠勞力做工賺來的錢根本不夠繳房租，除了暗地裡賣大麻外，經常向母親求援。母親不忍孩子辛苦工作，於是每月分擔部分房租，原本家中經濟不甚寬裕，這下孩子的房租不但成為家中另一筆開銷，孩子也無法斷戒大麻。

這就是孩子原本應該自己承擔的後果，改由母親來承擔。讓孩子有多餘的錢拿來買毒品或酗酒，耽擱了孩子回頭的時間。如果這位母親不支援孩子的房租，當孩子走投無路想回頭時，母親就有機會要求孩子進入戒毒。孩子可以在外居住逍遙快活，是不會到戒毒中心的。在美國，有一些父母向住在一起的成年子女收取房租，其原因不是父母需要錢，而是擔心成年子女有多餘的錢拿來不正當使用。青少年的父母因為愛的緣故，不斷地幫孩子承擔「後果」，以致孩子不會想要戒毒。

有一位父親多次警告孩子不能在家吸毒，搜查孩子房間時果真發現違法毒品，立刻報警處理。警察告知這樣會讓孩子留下犯罪紀錄，對孩子將來很不好，身為父親的你要如何做？捍衛真理：「吸毒必須承擔後果」？還是保護孩子：「在家可以吸毒」？這樣的決定是非常困難的。比較妥當的方式是當著警察面前，要孩子承諾進戒毒中心，並且立刻化成行動：聯絡戒毒中心。提供兩個方案給孩子：進戒毒所？還是進監獄？這就是化「危機」為「轉機」的例子。這樣孩子不必進監獄，也有機會戒毒。

四、長期抗戰的心理準備

讓孩子進入戒毒要耗費長時間與精力，但當孩子住在家中一段時間不吸毒了，並不表示從此康復了。許多家長認為孩子一段時間不接觸毒品，通過毒品檢測，加上孩子再三保證以後絕對不再吸毒，就誤以為「吸毒的病」好了，實在大錯特錯。「戒毒容易、戒癮難」，曾經吸毒並且上癮者，沒有一年半以上是無法真正完成戒毒的。許多因為吸毒過量致死、終生癱瘓或精神分裂的年輕人，大都是曾經戒毒，認為自己乾淨了、安全了，一不小心受誘惑再次染毒，其情況比原先更加嚴重。

「毒癮」有點像一般「慢性疾病」，需要家人的長期監控、小心翼翼、按時檢驗。有些家長擔心孩子學業、工作趕不上，讓長期吸毒的孩子戒毒後立刻離家返校或投入就業，這是非常危險的。筆者輔導的一位家長，認為孩子已經一年沒接觸毒品，應該沒問題，於是安排到朋友公司上班，沒想到上班第一天受不了壓力，居然又開始吸毒，又因為長久沒吸毒，一旦使用，對毒品的反應更劇烈，最後被送到精神病院。那麼究竟要多久才算是比較「安全」呢？大致而言（不是絕對，戒毒是一生的工作）如：十七歲開始接觸毒品或酗酒，二十歲開始戒癮，大約需要三年時間，比較妥當。吸毒時間越久，治療的時間也越久。

戒癮中心：誰需要？為何要？

被孩子吸毒困擾多年的父母，都有一個共同的心聲：「治療上癮，要越早越好。」趁著孩子尚未嚴重，盡早強迫進入長期戒毒中心，是比較安全的做法。許多孩子進出監獄或短期戒毒中心好幾回，都無法徹底戒除，就是沒有盡早處理，成癮多年或者沒有找到適合的戒毒中心。

然而為什麼一定要進「戒毒中心」？可以在家自行治療嗎？進「戒毒中心」會不會又再度染毒呢？監獄可以幫助戒毒嗎？很多人誤以為「戒毒」就是「戒除毒品」，事實則不然，「戒除毒品」容易，但是「戒除毒癮」則非常困難。好的戒毒中心，必須兼顧「戒毒」與「戒癮」。進監獄或在家自行戒毒，通常只是戒「毒品」，沒有戒「毒癮」。

坦白說，不是每一個上癮的人都一定要進「戒癮中心」。有一些上癮者藉著輔導員、心理諮商師與家人的協助，也有戒癮成功的案例，只是後續的觀護要非常小心。如何評斷一個人是否要進入戒癮中心接受隔離治療？首先要確認是否真的「上癮」？也就是當患者因為某種行為（上網、賭博、看色情刊物……）或採用某種物品（酒精、毒品、藥品）而失去生活功能及自我控制功能時，才算是「上癮」。有些孩子玩網路遊戲，但並沒有因此不上學，成績維持一定水準，也沒有不吃不睡，就不能算「上癮」，加以監控即可。還有咖啡、香菸，雖然上癮，但是沒有干擾別人或生活，除非自願，不需強制戒癮。除此之外，以下情況可以考慮不必進戒癮中心：

1. 早期發現，成癮時間不長，非重度使用成癮毒品。
2. 經過輔導與協談，患者強烈意願戒癮，並願意定期參加團體治療。
3. 該類毒品沒有斷戒的痛苦。
4. 家人長期（一年以上）嚴格監督，確認不再使用毒品。

筆者曾經輔導一個家庭，二十二歲的年輕人對大麻及解憂劑上癮，因此被退學在家兩年，由於家人配合度很高（這是最重要的），經過一番波折，終於讓孩子不再服用大麻及解憂劑，接受戒癮輔導，固定接受心理治療及定期參加戒癮協會，母親為了讓他不再接觸使用大麻的鄰居，還特地搬家。一段時間後恢復良好，開始正常上學，並沒有進入戒毒中心。

但是哪一種「成癮」一定要被隔離，進入戒毒中心治療呢？

一、曾經自行戒癮但是失敗者

許多上癮者都曾經想要戒掉，但卻沒有成功，因為意志力薄弱，或者害怕家人知道（必須先承認吸毒才能進入戒毒）而假裝沒有吸毒，但是生活言行舉止深受毒品及酒癮影響，家人受到騷擾，個性不穩定。

二、重度危險的毒品

如：海洛因、古柯鹼、鴉片、安非他命重度使用者，這些毒品有斷戒的痛苦，必須由專業人員協助。這類毒品如不立即處理，也會有生命危險。我所認識的一位海洛因的患者，將自己關在家中，由家人監控三個月沒吸毒，但仍然功虧一簣，一時抗拒不了誘惑，吸食過量導致終身癱瘓。如果當時家人送專業的戒毒所，而不是在家戒毒，應該可以避免，寶貴的年輕生命就這樣留給家人無限的傷痛。

三、干擾影響他人生活

被法院判定要入院接受戒癮治療者，大都屬於這一類。他們因為毒癮、酒癮的發作，而產生犯罪的可能，威脅到他人的生活及安全，就必須隔離。有些賭癮，因為賭博而影響家庭，也必須接受隔離治療。

屬於以上任何一類的上癮者都要離家，隔離接受治療。

有些父母動不動就叫警察，也是不對的。由於吸毒人口實在太多，除非上癮者對家人暴力相向或販賣毒品，警察才會積極介入處理，但有些盡職的警察，會到家中對吸毒的孩子教訓、警戒，或勸說進入戒毒中心，父母不妨事先與警察溝通，有些孩子對警察心生畏懼，有助於送進戒毒中心。

戒癮中心的優點

戒癮治療就像大多數的慢性病一樣，沒有快速療法，由於吸毒的原因牽涉到許多心理層面，所以要從根本治療，也就是所謂「心毒」。雖然「監獄」也是隔離，但監獄的份子複雜，在監獄裡大家討論的話題是「如何找到毒品？」在戒毒中心大家討論的是「如何脫離毒品？」兩者大不相同。因此許多在監獄的毒癮者，出獄後第一件事就是「找毒品」，反而更嚴重。因此無論在家戒毒或進監獄戒毒，效果非常有限。患者必須隔離進入戒毒中心，其優點如下：

一、沒有上癮的環境

有些青少年吸毒是因為居住的環境及朋友，長期住在同樣的環境，即使有心要戒毒，但身處相同的環境，容易抗拒不了毒品的誘惑，加上上癮者熟悉住家附近的毒品供應商及吸毒朋友，因此選擇戒毒中心一定要離家越遠越好，讓上癮者無法找朋友或家人將他載離，想要回家的途徑沒有那麼簡單。大多數的戒毒中心都位於交通不便利的山谷中，讓戒毒者無法自行離開戒毒所，比較能忍受斷戒時的痛苦，並且專心接受在戒毒中心的教導。

二、沒有上癮的誘惑

大多數的戒毒中心如：晨曦會，生活非常儉樸，每天團體活動固定作息，生活非常單純、規律。許多上癮者會覺得這樣的生活很無聊，就是這麼儉樸的環境，反而能訓練上癮者處理鬱悶的情緒及無聊時光，將來面對鬱悶無聊時不會用毒品來打發時間。透過團體的互動討論，無論是聖經課程或戒毒分享，每天所接觸的都是「如何脫離毒癮？如何對抗誘惑？如何自我控制？」等議題，少了誘惑、多了自我防衛訓練，並且養成早睡早起的正常生活習慣，將來回到社會比較能抗拒吸毒的誘惑。

三、沒有上癮的理由

這是一般戒毒中心最難做到的。上癮的原因大都是因為生活沒有目標、沒有自信、不敢面對壓力、個性軟弱等等，短期的戒毒中心比較容易忽略這一點。在台灣、強制進入戒毒所的時間為三個月，「心癮」難戒，出院後再犯的機率相對增高。在美國，進入短期（三個月以下）戒毒中心，出院後會要求參加團體治療課程，在美國有酗酒匿名協會、大麻匿名協會、古柯鹼匿名協會等等，或與戒毒中心的輔導老師定期會談，彌補這個部分的不足。

長期的戒毒中心如：基督教晨曦會，以及美國基督教戒毒機構如：Teen challenge，以「全人康復」為目標，為期至少一年半，幫助患者從心底戒除上癮的理由。其課程內容以聖經為主，以「恢復關係」（與神、與自己、與他人）為主要目標。一旦上癮者確信有神在掌管他們的生命，生活有了不一樣的方向，自然能面對各種壓力與誘惑，也就沒有吸毒的理由。

在台灣、美國，這種長期戒毒中心大都是基督宗教的非營利機構，主張「白白得來、白白捨去」不收取患者費用，強調一切都是神的恩典，輔導員幾乎都是「過來人」，上癮者比較容易信服，並且學會感恩。一年半長期戒毒計畫效果當然比較好。晨曦會或美國基督教會戒癮機構是目前治癒率最高（離開戒毒中心五年後是否再犯）的戒癮中心，當患者一年半後離開戒癮中心，他們還設有「中途之家」，輔導患者就學、就業，以適應社會生活，是比較完整的戒癮、康復中心。

案例

海森因攜帶毒品違法被判刑，強制進戒毒所接受治療。六個月康復出院後，為了盡快償還學生貸款，休學一年準備工作賺錢，於是在加州找到建築工人的工作。初期因為經費有限，借住在一位好朋友家中，兩人一同工作也有個照應，沒想到這位多年不見的朋友是海洛因吸毒者，正打算開始戒毒，但是兩人一同工作、領到工資卻一起吸毒。工資扣掉買毒錢所剩不多，加上毒癮發作，曠工多日。朋友的母親無法長期忍受照顧每天病懨懨的海森，買張機票將他遣送回老家。

「進戒毒所」只是有機會戒毒，並不保證會成功。因為再犯的機率實在太高了。朋友、金錢、環境處處是誘惑，戒癮必須在「心底深處」真正想要戒毒，而這需要長時間才能做到。許多父母以為孩子從戒毒所回家，做了幾次毒品試驗，就以為乾淨了。戒癮真正困難戒掉的是「心癮」而不是「藥癮」。家屬必須體認戒癮必須從生活習慣、生活目標、生活環境徹底改變，並且行之有年，才算是戒毒成功。

結語

當孩子面臨要去戒毒的壓力時，一定會反抗。他可能會挑戰你，或怪罪於你，更可能會讓孩子吃不少苦頭。讓孩子進入戒癮，父母必須要有冒險的勇氣。但是有很大的機率，可以幫助孩子去除毒癮，只有如此，孩子才有美好的未來，沒有讓他經過「走投無路」的痛苦，是很難下定決心戒毒的。

筆者熟識的一位朋友，為了說服吸食海洛因的兒子戒毒，整整花了兩年的籌劃，歷經孩子離家、偷錢、販毒，最後被毒販打傷，流落街頭，父母也拒絕孩子回家，在無處可去的情況下，不得已才同意進入為期一年半的基督教戒毒中心，最後戒毒成功，成為基督徒，回到學校順利完成學業。可見「送入戒毒所」是十分艱鉅的任務。

許多父母非常懊惱，他們認為在孩子沒有嚴重吸毒時，就應該送入長期戒毒中心。青少年在剛開始吸毒時，上癮情況尚未嚴重，比較容易被說服到戒癮中心，斷戒效果較好。許多青少年進出短期戒毒中心好幾次，仍然戒不掉，以致身心靈受到嚴重傷害與打擊，有些還因此失去生命，為家人帶來無窮盡的痛苦。就像前述的案例，以為戒毒成功了，要投入工作，恢復正常生活，沒想到因為借住朋友家，不幸的是這位他所投靠的朋友也是毒蟲，領薪水的第一天兩人就一起吸毒。這就是家人沒有意識到「戒毒」不是離開毒品一段時間就沒事，真正「戒除毒癮」最少要兩年，才算可以進入正常生活，即便如此，也必須常常警醒。

如果能在一兩年內調整青少年不良的生活習慣，遠離吸毒的環境，藉此開始「以神為中心」的生活，達到真正戒毒後，再依序就學、就業展開新的人生也不算太遲。目前美國、台灣的長期戒毒中心幾乎都是基督教會機構，主張全人醫治，讓上帝來填補原本的空虛與無目標，是目前復發率最低的戒毒中心。若有可能，趁早將上癮青少年送入長期戒毒中心，是比較妥當的作法。

第八章　戒癮後的關懷與照顧

在愛的事奉國度中，

只有受過傷的士兵才能服事。

——索頓。懷爾德（Thornton Wilder）

「上癮期」就是「凍齡期」。這裡的「凍齡」不是外表生理的年齡（吸毒的人外貌比較蒼老），而是當你開始吸食任何毒品時（包括大麻），你的心智成長停擺在吸食毒品的年齡。例如：十六歲開始接觸毒品，即使在三十歲戒毒成功，這時心智年齡是停留在十六歲的。換言之，即使戒毒成功，要恢復正常年齡該有的行為模式、心理成熟度、腦部發展等，仍然需要一段很長的時間。

家屬需要更大的耐心等候孩子成長，不要對戒癮成功的孩子要求過高，特別在心智成熟度方面。他們起步比一般的孩子要晚很多，但只要不再嗑藥或酗酒，還是有機會出人頭地。許多嗑藥、酗酒的孩子因為過量使用，造成腦部永久性傷害，或失去生命，連復原的機會都沒有。

家長要有心理準備，「戒癮」就像任何一種慢性病一樣都有可能復發。不是像一般疾病醫好了就痊癒，而是隨時都有可能復發，藥癮患者與一般慢性疾病復發率比較：

- 糖尿病患者：百分之三十～五十

- 藥物成癮患者：百分之四十～六十
- 高血壓患者：百分之五十～七十
- 氣喘患者：百分之五十～七十

由以上復發比率看來，藥癮患者的復發率，比氣喘及高血壓患者還要低。百分之四十～六十的藥癮患者會在戒毒後再次使用毒品。筆者認識的一位戒毒成功者，從十六歲開始吸毒後，進出監牢多達十七次，每次進牢房就被迫戒毒，出獄後又開始吸毒、犯罪，循環下來一次比一次嚴重。一直等到他四十六歲進入晨曦會後，從心底深處徹底悔改，去除毒品的「偶像」才真正戒毒成功。聖經中有一段經文，將戒癮後的關懷與照顧描寫得非常真實：

污鬼離了人身，就在無水之地過來過去，尋求安歇之處，卻尋不著。於是說：「我要回到我所出來的屋裡去。」到了，就看見裡面空閒，打掃乾淨，修飾好了，便去另帶了七個比自己更惡的鬼來，都進去住在那裡。那人末後的景況比先前更不好了。這邪惡的世代也要如此。

——〈馬太福音〉（瑪竇福音）12:42-44

這段聖經中所描述的「污鬼」就是毒癮。經文描寫戒癮成功者，在身體的毒素去除乾淨後，反而招惹七個更毒的癮進入身體內，這確實是戒癮後再度復發的景況。筆者曾經訪問一位晨曦會的弟兄，他曾經停止使用毒品長達六個月，認為自己已經康復，堅持離開戒毒中心，沒想到離開後下場更慘，吸毒情況更嚴重以致瘋狂，差點失去性命，不得已家人又將他送回晨曦會。當他再度回到晨曦會時，決定這輩子每一天都要「戒毒」，並且養成每天讀聖經、禱告的習慣，讓「真理的聖靈」在戒毒完成後真正地進入心靈，以致毒癮無法進入身體。

有許多案例，即使在戒毒成功比率最高的晨曦會，都無法保證將來一定不會吸毒，更何況其他的戒毒中心。有人說「一次吸毒、一生戒毒」是非常正確的說法。許多年輕人從基督教的戒癮機構成功戒毒，進入社會工作後，倘若離開教會及基督徒團契，或沒有每天正常靈修生活，失去聖靈的光照及保持警醒，很容易又開始吸毒，這也是為什麼我們評量一個戒癮機構的成效時，必須以五年之內再犯的機率做評估。

這也說明了許多基督教晨曦會的輔導員，幾乎一生都在與毒品拔河：吸毒─戒毒─幫助人戒毒。他們因著使命與呼召幫助人戒掉毒癮，也有不少人理解毒品吸引力實在太強，願意終身留在晨曦會，幫助他人、也幫助自己遠離毒品。許多戒毒所（包括晨曦會）的工作待遇不高，工作辛苦，但是他們卻很快樂，認為沒有毒品的戒毒所是最安全的地方。

戒癮後再犯的原因

一、與情緒有關

許多戒癮輔導者一致認為，再犯原因與「壓力」息息相關。根據一些學者的研究，百分之七十六的毒癮再犯的原因為：

1.無法處理個人負面的情緒：憤怒、憂鬱、沮喪、懷疑等等。
2.無法處理人際衝突如：與家人的衝突（特別是家人的不信任）、與朋友同事的衝突。
3.社會上的壓力：離開社會一段時間無法適應，或有競爭壓力。

有些人因為個性使然，習慣逃避、沒有自信……而對酗酒與藥物產生依賴，這些人將來康復，他們面對問題如果還是用以往非理性的態度處理自己的情緒，如：生氣、爭吵、哭泣等等，一旦失敗他們就會選擇「逃避」，也就是他們熟悉的方式：吸毒、酗酒。有些上癮者是因為一時的好奇與受朋友引誘，吸毒時間不長，比較沒有情緒與個性的問題，相對復發的機率比較小。

上癮也是一種「生活習慣」，就好像有些人一定要早上來杯咖啡，否則整日工作沒精神。嗑藥的人也是一樣，當他們遇見壓力，習慣躲進毒品的世界裡，要戒掉這種「習慣」不是短期可以完成的。但有些孩子只是一時好奇，吸毒、酗酒時間較短，當吸毒習慣尚未建立以前，就進入戒毒，在戒癮中心會教導如何處理情緒、人際關係及面對壓力，加上復原後重新調整生活作息，再犯機率相對降低。這也是筆者一再強調的，進入戒毒越早越好。

二、與環境有關

有些上癮者戒癮後再度復發的原因，與成長的所在地有關，例如：鄰居有毒品供應商或吸毒者、親戚有酗酒者或吸毒者、家中常有宴會並提供酒類、在餐廳工作等等，回到原先熟悉的上癮環境，比較容易復發。有一位筆者所輔導的青少年常在家中的車庫吸毒，當他戒毒康復後，父母為了不讓他再度回到原先吸毒的車庫，而選擇搬家。因為相同的吸毒環境會帶來很多負面的回憶，這是十分正確的做法。

進入戒癮是相當不容易的「浩大工程」，若因為環境的關係功虧一簣造成復發，是非常可惜的。家屬要知道「萬事莫如戒毒急」，不要因為一時的麻煩，耽擱了戒癮的療效。這也說明了為什麼晨曦會等有些戒癮機構會設立「中途之家」，即使在戒癮中心完成一年半的課程，還是建議搬到中途之家，就是避免戒癮成功者回到原先相同的環境而再度吸毒。還有一種狀況是家人的態度，家人如果認定戒毒者一定會再犯，患者果真再犯的機率相對增高。

三、沒有生活目標

筆者曾經走訪戒毒所的青少年，問他們為何吸毒？許多人竟然回答：「因為無聊。」當他們戒癮完成後，如果生活中沒有找到「替代品」，整天無所事事，很容易重蹈覆轍。家屬還有一種錯誤觀念，認為從戒癮中心回家的孩子好像從醫院回來一樣，要在家安息療養「讓他輕鬆一下」，讓戒癮者有更多的思考時間去「想念毒品」。

在尚未進入戒毒之前，「毒品」是他們唯一的生活目標，當他們戒癮完成後，需要有另一個目標來代替原先的毒品。基督教晨曦會以「信仰」為人生的目標，以「服事神」為生活目標，是非常健康的。鼓勵孩子回家後，最好每天養成早睡早起、運動流汗的習慣，重返校園、重新學習一技之長也是不錯的選項。

「戒癮」是一項漫長的過程，特別是成癮的患者，例如：吸毒十年的人，吸毒已經成為他的生活形態與習慣，要在三個月內，甚至一年半載戒掉，離開原有的生活型態，開始另一種完全不同的人生，何其困難？長期吸毒的結果，也讓有些人雖然毒癮戒掉了，但是後來又掉入「色情」、「酗酒」、「賭博」的陷阱當中。

比較困難的是，許多成年人吸毒多年，沒有學習到生活技能，受年齡、教育與經濟條件限制，無法透過「學習」重返社會，他們所面臨到的挫折是我們無法想像的。如果去問許多在戒癮中心的朋友，他們出來想做什麼？絕大多數的人會告訴你：「平安就好。」他們對未來其實沒有太多的期待，因為吸毒對家人、對社會、對自己所造成的傷害，當他們清醒之後是非常惶恐的。特別是沒有一技之長，也沒有受過什麼教育的戒癮者，糊塗過了大半生，社會、家庭及朋友的接納非常重要，並且要幫助他們。

在台灣有「更生團契」幫助這些迷失的羊群自立更生，還有一些基督徒老闆，願意接納這些重新做人的戒癮者，他們會比一般人更加心存感恩、努力振作，重新拾回家人及社會對他們的信心，有許多教會機構也願意接納他們。戒癮者有共同的人生經歷，面臨的挑戰也類似，若能成立團契或互助團體（有輔導教導），彼此激勵是相當不錯的做法。戒癮中心附設的中途之家，或教會機構的團契，讓有經驗的輔導或牧者幫助這些人在踏入社會面對挑戰時，能保持警醒，做出正確的選擇。

戒癮者的自我防護

一、隨時抱持警醒的態度

「戒癮」是一輩子的事，沒有戒不掉的癮，但是不保證一定會戒掉。聖經上說：「你要逃避少年的私慾，同那清心禱告主的人追求公義、信德、仁愛、和平。」（提摩太／弟茂後書 2:22）這就是戒癮後的康復原則。

第一、面對毒癮要用「逃避」的態度。不要以為你已經戒癮成功了，就可以面對以前的「毒朋友」，要用「逃避」的態度，不要自投羅網，要遠離任何有可能讓你落入「上癮」的環境或人物。戒賭癮的就要逃離拉斯維加斯（美國著名賭場），戒酒癮的就要逃離酒吧，同樣有戒毒癮的就要逃離那幫「毒朋友」。

第二，要慎選朋友。選擇「與清心禱告的人」做朋友，重新建立人際關係。不要以為自己好幾年沒吸毒，可以勇敢地面對毒品誘惑。

每一位戒癮成功的人在重新步入社會時，會感到很寂寞，因為原先所交往的毒朋友都不見了（可能被關或失去聯絡），即使如此也不要主動去找那些有可能讓你「回去」的朋友。不妨找戒癮中心的輔導，加入教會或參加相關團契，一起和「清心禱告的人」追求公義、信德、仁愛、和平。

筆者曾經訪問一位二十五年沒接觸毒品的弟兄，都已經做阿公了，家庭生活幸福美滿。他說直到如今他還是每天早上複習「遠離毒品十二步驟」，就是因為他隨時保持「有可能」再度犯癮的態度，才讓他沒有機會吸毒。不要以為「吸一口也不會怎樣」、「喝一杯不要緊的」，連這種「念頭」都要對付。謹記「一時吸毒、一生戒毒」。

二、設立新的人生目標

當你從戒毒中心或中途之家回到家庭、學校或社會後，必須要設立短期（三個月至一年）及長期（三年後）的目標。這個目標是你可以達到的，並且與「學習」有關，敦促自己努力完成。要知道，當你開始吸毒時，你的人生就已經是「停滯」或「倒退」狀態，戒毒期間是「修護」狀態，離開戒毒中心或中途之家才是重新開始、重新學習的階段。

建議你將目標寫下來，並將此交給父母或輔導，請他們敦促及幫助你完成。目標不等於理想，也不是夢想，每一項目標都必須要落實在每天的生活中，短期目標如：加入教會、每週固定做禮拜、每天運動三十分鐘、每天背一段經文或英文單字……，長期目標如：四年內拿到學士學位或考上證照等。每一個人都不一樣，在設立目標時可以找輔導或可信任的長輩商量，要可以執行。戒癮後最好不要立即投入職業賺錢，免得落入「金錢」的試探。能進入學校學習是最好。透過不同的學習來達成你新的人生目標。

三、與上帝保持依附的生命關係

「戒毒」其實是一場「屬靈爭戰」。當你迴盪在人生最黑暗的時光，那時你的生命是屬於魔鬼的，毒品是你的偶像，你必須迴轉回到上帝的面前，承認自己的罪，承認自己是軟弱的，是無法靠自己戒癮的，邀請上帝成為你生命中的主宰。

不僅要養成讀經、禱告、上教會的習慣，而是真實地與上帝有生命依附的關係，理解饒恕的重要。上帝已經饒恕你了，你也要尋求別人的饒恕，特別是家人的饒恕。不是只是加入教會行使表面的宗教儀式，而是活出新的生命，對待曾經因為吸毒而傷害過的家人，要付出更多、更加努力以彌補這些傷害，要讓他們知道你和以前不一樣。無論你遭遇什麼樣的景況或有任何委屈，仰望創造你的、給你新生命的耶穌，求祂給你力量。只是打掃乾淨（戒毒成功）還不夠，要邀請聖潔的聖靈（聖神）住在裡面，才算真正戒毒。

四、擁有新的支持團體

當你被隔離一段時間，原先的毒朋友可能進牢裡或受到毒害，也許仍在活躍、在販毒，這些都與你無關，不要和他們聯絡。也不要獨居一人，與家人同住雖然可能有被「監管」的感覺，但家庭畢竟是「屬靈的保護傘」，況且上癮者長期傷害家人的感情，與家人同住也是你修護關係的最佳機會，要努力獲得家人的支持與諒解。

剛開始你會感到寂寞，但必須理解這只是過程。過一段時間後，你在學校、在教會都可以找到新的支持伙伴，最重要的是經常與戒毒中心輔導老師保持聯繫，並請他們推薦適合的查經班或支持團體。

五、維護身體健康

毒品、酒精已經嚴重傷害到你的身心靈，雖然離開毒品已經有一段時間了，並沒有百分之百的恢復。運動可以製造許多健康有益的多巴氛，特別當你心情鬱悶時，除了向上帝禱告，運動也是很好的抒發。如有可能，保持運動的習慣，如：打球、爬山、上健身房、跑步、游泳等等運動，流汗可以抒發負面的情緒與壓力，並且讓你保持頭腦清新，每天每週定時運動，有助於你恢復身心的健康。

多吃青菜水果多喝水，保持體內的潔淨。不要晚睡，夜晚是比較讓人沮喪的時間，盡可能早睡早起，維持你在戒癮中心的作息。

案例

阿得是餐廳的廚師，由於廚藝不錯，很得老闆的賞賜，有時必須與客人喝酒應酬，逐漸地酒量越來越大。兩年後染上酒癮，不但上班喝酒，就是平時在家也喝酒，發酒瘋時，常常打人或醉得不省人事，以致後來無法工作。阿得痛下決心，決定到晨曦會戒酒。在晨曦會的一年半期間，酒戒掉了，身體也更健康了！但是從晨曦會畢業後，總得賺錢，還要回餐廳工作嗎？會不會又開始酗酒呢？不做廚師又能做什麼？

許多戒癮成功後必須面對一個棘手的問題就是：「是否要回到原先的生活環境？」、「萬一受引誘再犯怎麼辦？」其實最好不要再回到戒癮前的生活環境，因為有可能遇見吸毒的朋友或環境的誘惑。比較理想的方式是住在戒癮中心附設的中途之家。可以自由上學或上班，但是有輔導人員在身旁，有管束的力量。中途之家也有際遇相同的室友互相砥礪，有專業的輔導可以溝通，比較能避免重蹈覆轍，並兼顧社會適應。

給戒癮者家屬的忠告

一、展望未來，少提舊事

當上癮者戒毒成功後，會有極大的羞恥感，有些孩子甚至不敢面對愛他的家人。當孩子立定志向重新開始，要給他機會。有些毒癮復發者，就是因為家人的不信任，索性自我放棄，「反正無論我怎麼做你們都會懷疑、都不相信我，乾脆照你們的意思，繼續吸毒。」會給上癮者提供再度吸毒的藉口。

要學習饒恕，所謂「饒恕」就是「放掉過去」。父母要關注的是「今後」你要怎麼做？而不是「以前」做了些什麼。除非孩子主動提起，否則盡可能不要去追究「為什麼你當初會吸毒？」或「你以前……」，而是專注在孩子目前的生活狀況。

二、有限度的自由與鼓勵

孩子從戒毒中心畢業，並不代表從此洗心革面、不再上癮。還是要「劃清界限」。筆者朋友的兒子歷經一年的戒癮，並且悔改認罪，當他的兒子回家後，確實變好了！全教會都替他高興，經常在各地作見證並帶領敬拜。他對繪畫有興趣，父母讓他進入開放、自由的藝術學校；他想要買機車，父母也不反對；在身上刺青，父母也無可奈何……就這樣一步步地，個性越來越火爆，以致犯罪被捕。

孩子戒毒悔改、要回到正途，是非常不容易的，但千萬不可給他過多的讚譽或過度的幫助，這是非常危險的，因為任何罪都是從「驕傲」開始，還記得聖經中記載當蛇引誘夏娃時說：「吃了這果子，你便如神一樣。」不要讓孩子認為自已戒毒成功很了不起，讓孩子起了驕傲之心，他們只是恢復正常人而已。

除了要提醒他用行動證明悔改，初期階段更要嚴加看管。通常在戒毒中心或寄宿學校，生活管理比較嚴格、規律化，一旦回到家中，家長如果沒有堅持規律、單純的生活習慣，一段時間後反而更糟糕。一定要將單純的生活規範繼續在家中保持下去。但是也不能用諷刺或不信任的態度去對待從戒癮中心回來的孩子，必須經過最少兩年以上，才能慢慢、逐步放手。

當筆者兒子戒毒回家後，兩年內沒有車、沒有零用錢，出門回家要驗尿，學校成績要有B以上，晚上十二點半以後不能上網……等，一年後要徵求同意才能開車，絕對不可喝酒或吸大麻，一旦發現立刻請他離家。當他在學習上有成就感，養成有紀律的好品格，就這樣慢慢成為健康、上進的好孩子。家長寧可在開始時設下比較嚴格的界線，之後再慢慢放手，孩子反而懂得感恩，並且變得越來越好。

要記得，口頭讚賞或物質獎勵無法建立孩子的自信心，一定要讓他自己去完成一些事或經歷失敗時，從旁加以鼓勵打氣。父母放手，孩子才有成功戒癮的機會。

三、保持警戒，但不必緊張

不要嘮叨或勸勉。無論上癮或戒癮，實際行動永遠比道德勸說有效。當孩子準備要從戒毒所回家時，一開始就要說清楚、講明白：「你既然好不容易乾淨了，而且你已經成人，該是獨立的時候，我因為愛你的緣故，願意在這段期間幫助你，提供給你吃住，但是你必須要遵守這些規定……」能夠寫下這些規定並請他簽字認同是最好，但注意態度堅定、尊重，將他視為成人。不要太多話或謾罵，記得法律上滿十八歲他已經是成人了，許多孩子不接納自己的父母不是因為談話的主題，而是父母溝通的態度。

回家後的前三個月是關鍵期，有些孩子因為戒毒中心的團體生活與家中的環境差異太大，而一時無法適應，有些甚至有憂鬱症的傾向，家長不要太過慌張，用極大的愛心與耐心對待。從戒毒中心回家就好像剛動完手術的病人，需要時間才會真正康復，讓他沉澱一段時間，自我調整。任何事情都可以商量，除了吸毒絕不可以妥協。孩子若有吸毒的跡象也不要客氣，更不要生氣，儘早尋求「第三者」介入。

四、建立新生活圈

如果你擔心原先居住的地方有對孩子不好的朋友，最好能讓孩子離開原有的生活環境，但是有一個前提，父母一定要在身邊。鼓勵孩子到教會，或者邀請他「安全的好朋友」到家中陪伴。

有些孩子戒毒完成後，很容易落入「落寞寡歡」的情緒中，因為他原先的朋友都是吸毒者，不是入獄就是死亡，或者搬家。

這時若有「乾淨的」新同學、新朋友或教會年輕人，盡可能歡迎他們來家中，要熱情款待，但是不要干涉太多。幫孩子打造一個全新的環境與社交圈，更重要的是當孩子失去許多原來的朋友時，這時父母要成為孩子的好朋友，你原先與他的溝通模式或語氣要設法改變，讓孩子覺得我的爸媽不一樣了，讓孩子覺得有一個「新的家庭」、「新的父母」歡迎他回家（請看聖經〈路加福音〉第十五章父親在家等候浪子回家的故事），孩子比較不會羞愧。

五、培養孩子的自信心

孩子會走上吸毒，一部分的原因是沒有自信、需要認同，因此父母要設法建立孩子的自信。建立孩子的自信心不是要討好孩子，一味地稱讚無法建立自信，反而讓孩子認為他很了不起，起了驕傲心，更容易落入陷阱。要化為行動「營造建立信心的環境」，如：讓他在學校選擇一些簡單的課程，或鼓勵他學習他有興趣的技能，如：音樂、運動。交付給他一些簡單的家事，如：倒垃圾、洗碗、遛狗……等。當他完成任務才稱讚他，要針對所做的「事情」，而不是「才能或個性」。例如：「你這件事做得很好，看得出來你很努力」，千萬不要說「你好棒！」、「你很有才華」、「上帝一定會使用你」等，針對「人」的稱讚是相當不智的，讓孩子容易鬆懈，無法警覺。

如果孩子沒做好，也不要責罵，或代替他做（如：幫他洗碗、整理房間、洗衣服等）。當孩子學習遇到瓶頸時，也要在一旁鼓勵：「沒關係，有努力就好，慢慢來，不要放棄！」如果孩子返回學校，鼓勵選修一些心理課程或寫日記，有時透過寫作可以自我反省，也是一種治療方式。等到孩子透過學習建立自信，自然不會走回頭路，而這需要「時間」，父母要有耐心。

六、與相關機構保持聯繫

任何人都不能保證從戒癮中心回家，從此不會再吸毒、酗酒。因此，父母一定要與戒毒相關機構或輔導保持聯繫。萬一有任何疑問，可以尋求幫助。或者經常邀請戒毒輔導、社工人員、甚至警察，到家中與孩子談話。筆者所輔導的個案在孩子戒癮完成後，也會經常被邀請到家中談話，給孩子正面的鼓勵或訓誡。這樣有一個好處，讓他知道你隨時處於警戒狀態，有許多「幫手」與父母站在同一陣線，若孩子再次犯癮，有可能重回戒癮中心，心生恐懼而不敢造次。

案例

頌恩從小就有音樂天分，加上父親是牧師，在教會的舞台上又彈琴又唱歌，還會作曲，父母親都以擁有才華的孩子為榮。頌恩以練唱、練敬拜為藉口，常常玩樂到深夜。雖然教會許多會友對頌恩品行有質疑，母親卻認為頌恩是不被人接納的天才。直到收到學校的退學通知，才知道事情的嚴重性，同時也發現頌恩不但混幫派，還吸毒。

父親不得已，經過一番波折，強迫將他送進專門管教不良青少年的寄宿學校，一年後孩子果然變好、變乖了。從寄宿學校回家後，父親帶著他到處做見證，並與孩子一同接受媒體採訪，認為是浪子回頭的榜樣，為了鼓勵孩子，建立頌恩的自信心，父親將頌恩按立青年傳道並在台上帶領敬拜。

沒想到兩年後，頌恩又開始抽大麻，刺青，脾氣也越來越暴躁，甚至拿刀威脅鄰居，被警察逮捕。父親礙於面子，只能默默忍受，想盡一切辦法用教會資源感化孩子，即使犯法還是讓頌恩帶領敬拜。但是頌恩並未感激父母，依然到處惹麻煩，可惜的是頌恩已經二十多歲，父母無法將他強制送進戒毒中心。

在上述的個案中，誰才是上癮者？是抽大麻的頌恩，還是處處掩蓋的父母？

許多家長以為孩子戒毒成功，表現良好，誤以為從此成為「新造的人」，而忽略了人性的弱點。沒有經過「時間」的試煉，特別是曾經沾染毒品或酗酒的人，戒癮沒有百分之百的，不要為了鼓勵孩子、建立他的自信，而替孩子承擔過多的責任或給他過多的掌聲。孩子做錯事必須承擔後果，必須要加倍努力贏得家人、朋友、鄰居的信任。戒癮成功後，要經過最少兩年的觀察期，維持單純的生活，絕對不能讓孩子帶領敬拜或主領聚會，這樣會讓孩子誤以為他是ＯＫ的，失去最重要的「警醒」及「贏得信任」。

我們常在教會看到許多浪子回頭的見證，因為失敗的案例是隱藏的，大家只看到少數成功的見證，卻不知道有更多的失敗案例。誤以為「回頭」是很容易的，認為別人可以成功，你也可以，特別是有身分地位的父母，巴不得讓全世界知道他們有個好孩子。事實上，孩子的個性、成癮過程都不同，父母要專注孩子的生活習慣、品行道德，有無懶惰、亂發脾氣、說謊、夜歸、偷竊、喝酒、鬧事、刺青、同居……等，而不是表面的成功（如按立傳道）或屬靈的表相（如帶領敬拜、做見證），任何悔改都必須通過「時間」這一關。戒癮後的康復「時間」最少兩年，即使兩年後也不能立即放手，要一步一步慢慢放手。

結語

前述文章談論上癮者其實是「病人」，而不是「罪犯」。其實許多上癮者家屬長期受到精神煎熬，逐漸成為「病人」而不自知，許多上癮者父母即使在孩子戒癮後，仍然疑神疑鬼而成為精神病患者。自欺欺人、過猶不及都是不好的。這也是為什麼筆者主張讓「第三者」介入的重要性，他可以客觀評估你對孩子戒癮後的態度是否正確。

戒癮中心不是監獄、也不是醫院。當青少年從戒癮中心回家後，家人不能將他視為「一般病人」，百般侍候或一味討好；也不能將他們當作「罪犯」，處處防範，好像防備小偷一樣。父母必須學習如何與戒癮後的孩子相處，分寸必須拿捏得當。這是很困難的事，因為父母長期受到心靈的傷害與煎熬，有時成為另一種「情緒上癮」模式。這就是筆者一再強調父母必須先將自己的身、心、靈照顧好，然後再照顧孩子。

聖經上說：「世人都犯了罪。」每一個人身上都有「罪性」，更何況戒毒過後的人。戒癮者像你、我一樣都是個罪人，只是他們曾經患有上癮的病症，這個「病」會帶來嚴重的罪行。任何一個人，當他有了罪行，一定要被懲罰，為自己的錯誤選擇付出代價。就像青少年酒後駕車，不能說因為酗酒是病就不接受法律制裁、不用負責任，事實上任何形式的懲罰都是「治療」的一部分，讓人心生警惕，不敢再犯。有些青少年幸運地尚未進監牢，就已經戒癮，但他們對家人是有傷害的，要鼓勵孩子，彌補傷害的最大誠意就是「不再吸毒」。

因此當孩子完成戒毒回家後，一定要傳達一個訊息：「我什麼都可以妥協，只有吸毒這件事，絕對不能容忍。」當孩子毒戒掉後，其實頭腦清楚了，他們也想力求振作、重新做人，只要父母對毒品或有可能引起再犯的不當生活習慣如：夜歸、上網咖、喝酒……等，表達絕不妥協的態度，他們會慢慢恢復的。

雖然孩子短期不會吸毒，但許多有可能導致吸毒的情境或行為都必須避免。父母要用極大的耐心與愛心去面對，但絕不是「寵愛」，當孩子有任何有關「品行」的問題如：夜歸、說髒話、偷竊、說謊、暴力、動怒、看色情書刊網站、刺青、同居，甚至偶爾抽菸、抽大麻，這些都是吸毒的前兆。

毒品的誘惑實在太大了，不能容許任何的模糊空間，讓毒品「見縫插針」。一定要趁早面對、斷然處置，即使發生衝突也在所不惜，這表示孩子內心還有叛逆的因子，心想：「我不吸海洛因了，大麻總可以吧！」、「我不酗酒了，上夜店沒關係吧！」或「偶爾上上網咖也不會怎樣。」不斷地探測父母的底線，父母妥協的結果，會讓好不容易脫離毒品的孩子慢慢墮落，產生更大的麻煩。孩子在戒癮中心都會建立早睡早起、努力學習的生活習慣，回到家中更要督促孩子要繼續保持下去。

雖然孩子因為吸毒犯了許多罪行，傷透你們的心，但當孩子戒癮回家，父母也不能將孩子當作「罪犯」處理，不能有負面語氣如：「你就是改不了」、「我就知道你一定會再犯」、「我太瞭解你，不用裝了」、「我不相信你會戒毒」等等。如果孩子晚歸需要驗尿時，也要用正面的語氣如：「我知道你不會再吸毒，讓媽媽心安，驗一下好嗎？」、「我知道你是清白的，驗尿可以證明你的清白」、「我知道你不會再吸毒，連菸都不會抽」、「好不容易乾淨了，慢慢來一步步走，有進步就好」等積極正面的鼓勵。

父母口中的言語是有效力的，對已經戒毒的孩子不要過度讚揚，但千萬不要採取負面的批評或人身攻擊。許多在戒毒中心長期治療的青少年，回家後因為父母的不信任而放棄自我，乾脆自暴自棄地想：「你認定我會吸，我就吸給你看。」令人非常遺憾。

「贏得信任」是戒癮者非常重要的康復步驟。要告知戒癮者，證明自己是好的，並且要加倍努力贏得別人，特別是家人的信任。「時間」是最好的治療劑。隔離毒品的時間越久，孩子治癒的機率也會提高。隨著孩子返家的時間，慢慢鬆手。不要一下子給他過多的掌聲或物質，也不要抱著懷疑的態度對待孩子，與孩子相處會有一段時間雙方都不適應，慢慢來，要給孩子機會。

「去除毒癮」已經是邁向康復的一大步，接著最重要的是讓孩子有人生的方向與目標。父母要經常問自己：「我這麼做、或這麼說，能幫助他確認目標嗎？」凡事以此方向去幫助孩子，並且不斷地禱告，求上帝給力量、賜智慧，幾年後，孩子自然會長大成熟。

我常常勉勵父母不要隱瞞上癮的事實，只要父母真誠面對，等孩子完全康復，有一天成家立業了，誰會在乎他過去的荒唐歲月呢？「戒癮」永遠不嫌晚，不要在乎別人的眼光，不要帶有任何自責或羞辱感，要勇敢面對、仰望恩典，才能邁向康復之路。

後記

本書的完成，要特別感謝我兒子。他的中文程度非常好，加上認真的校閱以及特別指導，讓本書更加真實而豐富。原本撰寫過程中有些猶豫，是否該讓他過去的陰暗面及真相曝光？許多父母不敢承認孩子上癮的真相，認為會妨礙孩子的前途。但是當我看到我兒子健康又自信的現況，如果在上帝的恩典與憐憫之下不再沾染毒品，從此邁向健康的人生，甚至自組美滿家庭，誰會記得當年他荒唐的歲月？因為他的默許以及上帝賜給我的勇氣，這本《上癮的真相》才能更完整地呈獻在讀者面前。

有人建議書的內容應該放入我與毒品奮戰的血淚史，我明白這樣的角度及故事會讓許多人掉眼淚，其中的痛苦、掙扎以及心路歷程，其實是很「驚濤駭浪」的，但是然後呢？能幫助這些在暗夜中哭泣的家屬嗎？因此我決定，這本書必須提供實際可行的方法，再搭配一些真實的案例，落實解決青少年上癮問題。盼望這本書不僅可以安慰人心，並且成為現代家庭必備的「抗癮」工具書。

非常感謝城邦文化的啟示出版社，在追求物慾的社會氛圍中，有勇氣出版這本有益身心靈、由華人著作的書籍。更要感謝許多推薦者，雖然他們與我並不熟識，但卻有著同樣的信念：「幫助我們的下一代。」

我兒子目前就讀於美國大學，主修藝術史及心理學，盼望上帝能繼續使用他特殊的人生經歷，成為眾人的祝福！

最後分享聖經的一段經文（耶利米書／耶助米亞 31:16-18），與天下的父母共勉。

耶和華如此說：
在拉瑪聽見嚎啕痛哭的聲音，是拉結哭他兒女，不肯受安慰，
因為他們都不在了。
耶和華如此說：
你禁止聲音不要哀哭，

禁止眼目不要流淚，
因你所做之工必有賞賜；
他們必從敵國歸回，這是耶和華說的。
耶和華說：你末後必有指望；
你的兒女必回到自己的境界。

無論你有多麼令人傷心的孩子，只要心存盼望，他們總有回家的一天。

注：本書的所得將捐給晨曦會做為興建青少年戒毒中心之用，盼望有更多家庭因這本書的出版而受惠。

為上癮孩子祈禱文

親愛的天父，我懷著極憂傷的心情，
為我所愛的＿＿＿＿向祢獻上我的祈求。
主，我知道祢是滿有憐憫慈愛的主，
求你用大能的雙手拯救你所愛的孩子。
他被魔鬼的謊言蒙蔽，弄瞎了眼，
求祢用寶血塗抹＿＿＿＿心靈的眼睛，讓他看清毒品（酒精、網路、色情）的殘害。
親愛的主，無論他在何處，
求祢差派天使天軍在＿＿＿＿的四周安營，
在需要的時候搭救＿＿＿＿，保存他的性命，以致將來有機會事奉祢。

親愛的主，求祢賜下那堅忍卻永不放棄的愛，
使用我來幫助——脫離毒品（酒精、網路、色情）的綑綁。
主，祢知道我的軟弱，求祢賜給我勇氣——向孩子背後那魔鬼宣戰的勇氣。
賜給我在爭戰中所需要的一切配備：人力、方法、機會及智慧。
按照祢的旨意與計畫執行，
也按著你的應許：「他們要從敵國中歸回」來成就。
讓——早日回到家中，也回到祢愛子光明的國度。

就像聖經中巴底買的瞎子，
我願意謙卑地向你呼求：「大衛的子孫，求祢可憐可憐我吧！」
可憐我這個作母親（父親）的，
求祢醫治我的孩子，也醫治我傷痛的心靈。
愛我的主，多年來我的信心早已被摧殘地極其微弱，
因此我更加需要祢恩典與能力的光照，

好讓我在黑暗中看見一點點曙光，得知祢的同在。
求祢垂聽你所愛的孩子向你呼求及禱告！
奉主耶穌基督得勝的名祈求，阿們！

啟示出版 Apocalypse Press

廣	告	回	函
北區郵政管理登記證			
北臺字第000791號			
郵資已付，免貼郵票			

104　台北市民生東路二段141號2樓

英屬蓋曼群島商家庭傳媒股份有限公司城邦分公司　收

請沿虛線對摺，謝謝！

啟示出版 Apocalypse Press

書號：1MC011　　書名：上癮的真相

請於此處用膠水黏貼

啟示出版 Apocalypse Press

讀者回函卡

謝謝您購買我們出版的書籍！請費心填寫此回函卡，我們將不定期寄上城邦集團最新的出版訊息。

姓名：________________

性別：□男　□女

生日：西元________年________月________日

地址：________________

聯絡電話：________________　傳真：________________

E-mail：________________

職業：□1.學生 □2.軍公教 □3.服務 □4.金融 □5.製造 □6.資訊
□7.傳播 □8.自由業 □9.農漁牧 □10.家管 □11.退休
□12.其他________________

您從何種方式得知本書消息?

□1.書店□2.網路□3.報紙□4.雜誌□5.廣播 □6.電視 □7.親友推薦
□8.其他________________

您通常以何種方式購書?

□1.書店□2.網路□3.傳真訂購□4.郵局劃撥 □5.其他________

您喜歡閱讀哪些類別的書籍?

□1.財經商業□2.宗教、勵志□3.歷史□4.法律□5.文學□6.自然科學
□7.心靈成長□8.人物傳記□9.生活、勵志□10.其他________

對我們的建議：

____

____

____

____

請於此處用膠水黏貼

國家圖書館出版品預行編目資料

上癮的眞相：青少年上癮問題及邁向康復之路 / 王倩倩著. -- 初版. -- 臺北市：啓示出版：家庭傳媒城邦分公司發行, 2012.06
面； 公分. -- (Knowledge系列；11)

ISBN 978-986-7470-68-3(平裝)

1.青少年問題 2.成癮 3.戒癮

544.67 101011343

Knowledge系列011

上癮的真相：青少年上癮問題及邁向康復之路

作　　者／王倩倩
企畫選書人／彭之琬
總 編 輯／彭之琬
責任編輯／李詠璇

版　　權／葉立芳
行銷業務／何學文、林彥伶
總 經 理／彭之琬
發 行 人／何飛鵬
法律顧問／台英國際商務法律事務所羅明通律師
出　　版／啟示出版
台北市104民生東路二段141號9樓
電話：(02) 25007008　傳真：(02)25007759
E-mail:bwp.service@cite.com.tw
發　　行／英屬蓋曼群島商家庭傳媒股份有限公司 城邦分公司
台北市中山區民生東路二段141號2樓
書虫客服服務專線：02-25007718；25007719
服務時間：週一至週五上午09:30-12:00；下午13:30-17:00
24小時傳真專線：02-25001990；25001991
劃撥帳號：19863813；戶名：書虫股份有限公司
戶名：英屬蓋曼群島商家庭傳媒股份有限公司城邦分公司
訂購服務／書虫股份有限公司客服專線：（02）2500-7718；2500-7719
服務時間：週一至週五上午09:30-12:00；下午13:30-17:00
24時傳真專線：（02）2500-1990；2500-1991
劃撥帳號：19863813 戶名：書虫股份有限公司
讀者服務信箱：service@readingclub.com.tw
城邦讀書花園：www.cite.com.tw
香港發行所／城邦（香港）出版集團有限公司
香港灣仔駱克道193號東超商業中心1樓_ E-mail:hkcite@biznetvigator.com
電話：(852) 25086231　傳真：(852) 25789337
馬新發行所／城邦（馬新）出版集團【Cite (M) Sdn. Bhd.】
41, Jalan Radin Anum, Bandar Baru Sri Petaling,
57000 Kuala Lumpur, Malaysia.
電話：(603) 90578822　傳真：(603) 90576622　E-mail:cite@cite.com.my

封面設計／李東記
排　　版／極翔企業有限公司
印　　刷／城邦印書館股份有限公司
總　經　銷／高見文化行銷股份有限公司
地址：新北市樹林區佳園路二段70-1號
電話：(02)2668-9005　傳眞：(02)2668-9790　客服專線：0800-055-365

■2012年6月28日初版
■2024年7月初版17刷
定價320元

Printed in Taiwan

城邦讀書花園
www.cite.com.tw

 ISBN 978-986-7470-68-3